Maike Siebold

Karline und der Flaschengarten

Bisher von Maike Siebold im
Südpol Verlag erschienen:

Rille aus dem Luftschacht

Karline und der Flaschengarten

Das Buch wurde auf FSC-zertifiziertem Papier gedruckt und leistet damit
einen aktiven Beitrag zur nachhaltigen Bewirtschaftung der Wälder rund um
den Globus.

ISBN 978-3-96594-110-6

2. Auflage Januar 2022

Umschlaggestaltung und Illustrationen: Kai Schüttler

Dieses Werk wurde vermittelt durch Paula Peretti, Literarische Agentur Köln.

www.suedpol-verlag.de

Bibliographische Information der Deutschen Nationalbibliothek
Die Deutsche Nationalbibliothek verzeichnet diese Publikation in der
Deutschen Nationalbibliographie; detaillierte bibliographische Daten
sind im Internet über http://dnb.ddb.de abrufbar.

Maike Siebold

Karline und der
Flaschengarten

Illustrationen von Kai Schüttler

Inhalt

Was macht die Frau im Brummermantel? 7

Wie kommt der Stick ans Tageslicht? 13

Was steckt in dem Püppchen? 18

Was wird Grete sagen? 29

Wie sieht der Plan aus? 37

Wo ist der märchenhafte Garten? 47

Wie wird das Grüne rund? 55

Was sollen wir bei Regen machen? 66

Was ist ein Garten ohne frische Luft? 73

Wo bekommen wir mehr Hände her? 80

Wie schlau sind Erbsen? 87

Was wird aus meiner weltklasse Idee? 97

Wer versteckt sich im Gartenhaus? 105

Wer gewinnt das Spiel? 115

Wie kann man unsterblich werden? 120

Was verbirgt sich in der Villa? 132

Warum nicht einen Ausflug machen? 137

Wo ist das Glück hin?   147

Wie soll ich es ihm sagen?   155

Was geschieht jetzt mit dem Garten?   161

Wie sieht die Rettung aus?   168

Was hat Imad vor?   176

Wann macht das Pech eine Pause?   185

Warum läuft es immer anders, als man denkt?   193

Was stimmt mit unseren Eltern nicht?   200

Fraglos glücklich   207

Extra: Bastel dir deinen eigenen Flaschengarten   221

Das Leben beginnt mit dem Tag,
an dem man einen Garten anlegt.

Sprichwort

Was macht die Frau
im Brummermantel?

Alfred Brockhaus ist am gleichen Tag gestorben, an dem ich geboren wurde – am 28. April. Das fällt mir jetzt erst auf, obwohl ich oft neben ihm stehe, also neben seinem Grabstein, und warte. Ich muss ständig auf Papa warten und dazu noch an diesem Ort, zu dem andere Eltern ihre Kinder nicht freiwillig bringen würden.

Als ich Grete in der sechsten Stunde gefragt habe, ob sie morgen nach der Schule mit zu mir nach Hause kommt, hat sie wieder mal mit den Schultern gezuckt und gesagt: „Nicht, wenn du noch vorher einen Abstecher zu deinem Papa machen musst. Du weißt ja, meine Mama findet, ein Friedhof ist kein guter Ort für mich. Sie bringt mich lieber später zu euch nach Hause."

Ein Schatten löst sich aus meinem rechten Augen-winkel. Eine Frau läuft auf dem Weg hinter der frisch geschnittenen Hecke entlang. Mein Blick bleibt an ihrem schimmernden schwarzgrünen Regenmantel kleben. Seine Farbe und der Glanz erinnern mich an die dicken Schmeißfliegen, von denen es hier im Sommer eindeutig zu viele gibt. Allein ihr Surren kann unglaublich nerven.

„Karline, hier tummeln sich so viele Goldfliegen, weil sie besonders blühende Blumen und faulig riechende Pflan-zen lieben. Von beidem gibt es hier mehr als genug", hat mir neulich noch Frau Breitmoser erklärt. Das muss sie als Friedhofsgärtnerin ja wissen. Trotzdem finde ich sie eklig, auch wenn die dicken Brummer diesen tollen Namen tragen.

Frau Breitmoser setzte noch einen drauf. „Wusstest du, dass man früher in der Medizin die Larven der Goldfliege in Wunden gesetzt hat, da sie die Heilung begünstigen können?"

Angewidert verzog ich das Gesicht. „Nein, das wusste ich nicht", antwortete ich höflich, während ich gegen die langsam aufsteigende Übelkeit ankämpfte.

„Die Larven haben eine hübsche rosafarbene Färbung. Man nennt sie Pinkies. Wenn ich das nächste Mal welche entdecke, zeige ich sie dir."

„Nein, nein, vielen Dank. Muss nicht sein", entgegnete ich schnell.

Ich hoffe, sie hat ihr Angebot inzwischen wieder vergessen.

Mittlerweile ist die Frau im Fliegenregenmantel stehen geblieben. Suchend schaut sie sich um. Ich könnte ihr meine Hilfe anbieten. Kaum jemand kennt sich hier so gut aus wie ich. Während ich überlege, wie ich sie ansprechen soll, dreht sie sich nach rechts und steuert zielstrebig auf etwas zu. Sie scheint gefunden zu haben, wonach sie sucht. Ihre Schritte werden langsamer. Vor dem frischen, noch offenen Grab von heute Mittag bleibt sie stehen. Sie stellt sich gefährlich nah an den Rand.

Ich höre in meinem Kopf Papas mahnende Stimme: *Karline, geh von der Kante zurück. So nah an der Grube zu stehen, ist gefährlich. Die frisch ausgehobene Erde kann an dieser Stelle nachgeben und schneller als gewollt, liegt man selbst eine Etage tiefer.*

Die Frau scheint das nicht zu wissen. Eine Weile steht sie still da und schaut gedankenverloren hinab. Dann steckt sie ihre Hand in die Tasche ihres Regenmantels und kramt darin herum. Sie schaut nach links und nach rechts, als ob sie sicher sein möchte, dass niemand sie beobachtet, und lässt das, was sie gerade aus ihrer Manteltasche gefischt hat, in das offene Grab fallen.

Danach verneigt sie sich vor dem Erdloch. Wieder geht mir Papas Warnung durch den Kopf.

Karline, beuge dich nicht so weit vor. Du wärst nicht die Erste, die das Gleichgewicht verliert und auf das Holz knallt.

Doch im nächsten Augenblick strafft die geheimnisvolle Besucherin ihre Schultern, dreht sich auf dem Absatz um und verschwindet mit schnellen Schritten durch das gusseiserne Tor mit dem verschlungenen Alpha- und Omega-Zeichen*.

Kaninchen auf dem alten Friedhof zu beobachten, ist ja ganz nett, aber irgendwann auch langweilig. Was die Frau im Fliegenmantel heimlich in die Grube geworfen hat, ist entschieden spannender.

Natürlich geht es mich nichts an, aber Nachschauen ist nicht verboten. Ich warte noch zwei oder drei Minuten, um sicher zu sein, dass die seltsame Besucherin nicht wiederkommt. Dann verlasse ich meinen Beobachtungsposten und laufe die Grabreihe entlang, bis ich auf Höhe des rechteckigen Erdlochs bin. Dort zwänge ich mich zwischen zwei Grabstätten hindurch. Gut, dass mich niemand sieht. Man soll nicht über Gräber laufen.

Karline, bitte bleib auf den Wegen, sonst störst du die Toten. Das ist auch so ein Spruch von Papa, den ich nicht nur einmal gehört habe. Doch diesen Ratschlag verstehe ich nicht. Wie soll man Tote noch stören?

* Alpha und Omega = der erste und der letzte Buchstabe des klass. griechischen Alphabets und daher das Symbol für Anfang und Ende

Am offenen Grab angekommen suche ich mit den Augen das Erdloch ab. Unten erkenne ich einige weiße Rosenblüten, die schon aufgeweicht sind, seltsame Stäbchen und eine dünne Holztafel mit schwarzen Schriftzeichen. Aber das, was die Frau ins Grab geworfen hat, war eindeutig kleiner.

Meine Augen wandern zum zweiten Mal über den glänzenden schwarzen Holzsarg. Am Kopfende liegt eine kleine Figur, nicht viel größer als eine Kaugummipackung. Sie sieht aus wie eine Minipuppe.

„Hey Karline, was geht ab?" Luca, der Sohn der Friedhofsgärtnerin, steht auf einmal wie hingezaubert neben mir.

Ich kann meine Augen noch immer nicht von dem kleinen Gegenstand lösen.

„Was gibt's da unten bei Victor Windeck zu sehen?", fragt Luca neugierig.

„Da liegt etwas im Grab. Ich glaube, es ist eine kleine Puppe." Mit ausgestrecktem Arm zeige ich auf meine Entdeckung.

„Da liegt so einiges", bestätigt Luca. „Jürgen kümmert sich gleich drum, wenn er das Grab zumacht. Da unten darf schließlich nichts liegen bleiben, was dem Grundwasser schadet."

„Und was schadet dem Grundwasser?", erkundige ich mich höflich, obwohl ich ihn ganz schön besserwisserisch finde.

„Also, auf jeden Fall sind Fahrradhelme, Batterien und Handys nicht gut."

„Holztafeln können drinbleiben?", frage ich und deute auf das Holz mit den schwarzen Schriftzeichen.

Hinter uns ist ein leises Rumpeln zu hören.

Luca schaut sich um. „Das werden wir gleich erfahren."

Wie kommt der Stick
ans Tageslicht?

Am Ende des Weges taucht ein Mann auf einem gelben Minibagger auf. Soweit ich es aus der Entfernung erkennen kann, ist es ein Mitarbeiter aus der Friedhofsgärtnerei von Lucas Mutter.

Während sich der kleine Bagger langsam nähert, fragt mich Luca: „Warum wartest du eigentlich nicht in der Trauerhalle auf deinen Vater? Da kannst du mit den Sargträgern quatschen. Die sind doch meistens lustig drauf."

„Darf ich nicht mehr. Vor zwei Wochen hat mir einer der Männer ein kleines Gläschen zu trinken angeboten. Ich wusste nicht, was es war, und habe es probiert."

„Lass mich raten – es war Schnaps?"

„Jap. Hat schrecklich geschmeckt, das Zeug. Das

brennt im Hals und man muss gleichzeitig husten und würgen. Das hat sogar Papa gehört. Er kam angerannt und hat ganz schön rumgebrüllt und die Männer gefragt, ob sie noch ganz bei Trost sind, einer 11-Jährigen Schnaps zu geben."

Luca nickt. „Echt krass."

„Hinterher hat es ihnen, glaube ich, leidgetan. Vor allem dem alten Herrn Gartmann. Tja, seitdem meint Papa, die Männer wären nicht der richtige Umgang für mich und ich soll lieber draußen warten."

„Aber draußen ist es kalt und windig und du kannst noch nicht mal deine Hausaufgaben machen, sondern einfach nur blöd rumstehen und warten", wendet Luca ein.

„Papa meint, die frische Luft nach der Schule wäre gesund und außerdem wäre es gut, einfach mal nichts zu tun und sich in Geduld zu üben. Eine Fähigkeit, die ich angeblich noch mein ganzes Leben gebrauchen könnte."

„Geduld ist was für Anfänger. Ich flippe lieber gleich aus."

Ich muss lachen. Luca ist nett, nur ab und zu macht er auf cool. Das nervt. Dann erzählt er mir von einem Totenkopf-Tattoo, das er sich stechen lassen will oder davon, dass er raucht. Papa meint, Luca sei ein feiner Kerl, er würde nur die falschen Freunde haben. Oft riecht er seltsam. Nach feuchter Erde und irgendetwas anderem, von dem ich nicht weiß, was es ist. Trotzdem freue ich mich immer, wenn ich ihn treffe. Nach der Schule muss er oft seiner Mutter in der Gärtnerei oder auf dem Friedhof helfen. Wenn er Unkraut jätet oder Blumen gießt, helfe ich ihm manchmal.

Gerade als ich ihn fragen will, was er heute noch tun muss, hält Jürgen mit seinem Bagger neben uns.

„So, Kinder, jetzt geht mal ein Stück zur Seite. Es gibt auch Leute, die arbeiten müssen", knurrt er mürrisch.

Luca und ich springen wie auf Kommando einen Schritt zurück.

„Warte, Jürgen! Guck mal, da unten liegt noch einiges drin", ruft Luca.

Grummelnd schiebt sich der Mann vom Sitz herunter und lässt seinen Blick einmal über die Grube wandern.

„Die Leute werden immer verrückter. Was soll das ganze Zeug da bloß?" Kopfschüttelnd geht er zurück zu seinem Bagger, hievt sich wieder auf den Sitz und startet die Maschine. Sanft fährt er mit der Schaufel über das Holz und schiebt die schwarzen Täfelchen, die Blumen und die kleine Figur bis an den Rand.

„Karline", schallt die Stimme meines Vaters plötzlich über den Friedhof, „wo bist du? Wir können fahren!"

„Schade, ich muss los. Tschüss, Luca."

Doch der hört mir gar nicht richtig zu, sondern beobachtet gebannt den Bagger bei der Arbeit.

Ich laufe zu Papa, der neben dem Beerdigungswagen am Ausgang wartet.

„Tut mir leid, heute hat es etwas länger gedauert", entschuldigt er sich, während er seine braune Aktentasche und meinen Rucksack hinten im Auto verstaut.

Als wir langsam vom Hof rollen, klopft jemand an mein Seitenfenster. Es ist Luca. Papa stoppt den Wagen und ich lasse die Scheibe herunter. Offensichtlich ist Luca gerannt, denn er ist noch ganz außer Atem und ziemlich rot im Gesicht.

„Was gibt's?", frage ich gespannt.

Wortlos drückt er mir etwas in die Hand und grinst verschmitzt. Dann dreht er sich auf dem Absatz wieder um und läuft zurück auf den Friedhof.

„Was war das jetzt?", fragt Papa neugierig.

„Weiß ich auch nicht." Verstohlen schaue ich in meine Hand. Luca hat mir tatsächlich die kleine Puppe aus dem Grab gebracht. Obwohl ich mich freue, fühle mich nicht ganz wohl bei der Sache.

Papa bohrt weiter. „Was hat er dir denn gegeben?"

Ich öffne die Hand und tue so, als ob ich die Figur zum ersten Mal sähe. „Eine kleine Puppe. Er dachte vielleicht, dass ich sie verloren hätte."

„Soll ich Luca die Figur morgen zurückgeben und ihm ausrichten, dass es nicht deine ist?"

„Nein, Papa, muss du nicht. Mache ich selber, wenn ich ihn das nächste Mal sehe."

Luca hat es bestimmt nett gemeint, denke ich, als wir weiterfahren. Aber bei nächster Gelegenheit bringe ich das Püppchen einfach zum Grab zurück.

Was steckt in dem Püppchen?

Manche finden es seltsam, dass ich in einem Beerdigungswagen durch die Gegend gefahren werde. Als ich im ersten Schuljahr von Papa mit dem Auto zur Schule gebracht
wurde, hat Gretes Mutter ihn nach der ersten Schulwoche
angesprochen:

„Herr Karg, haben Sie sich schon einmal überlegt, was
Ihr Beruf und diese Fahrten in dem Leichenwagen mit
Ihrer kleinen Tochter machen? Ich halte es für ungesund,
sie so früh und hautnah mit ... äh ... diesem Thema in
Berührung zu bringen."

„Das ist nett, dass Sie sich Sorgen machen", hat Papa
geantwortet und sie freundlich angelächelt, „aber ich
glaube, genau das Gegenteil ist ungesund. Der Tod gehört
zum Leben und man sollte schon als Kind lernen damit
umzugehen."

Das passiert mir immer wieder. Einige Eltern von meinen Freunden und auch manche Lehrer finden den Beruf meines Vaters schwierig. Er meint, das würde daran liegen, dass er mit seiner Arbeit daran erinnert, dass irgendwann für jeden endgültig Schluss ist.

Papas Bestattungsunternehmen ist das größte der Stadt. Eigentlich wollte er Pfarrer werden, aber auf dem Weg dorthin ist ihm etwas dazwischengekommen, sagt er.

Als wir die Haustür öffnen und den Flur betreten, ertönen mächtige Orgeltöne. Es ist der Klingelton von Papas Handy. Für meinen Geschmack übertreibt er es damit ein bisschen. Papa stellt seine Tasche ab und fummelt umständlich an seinem Mantel herum, bis er nach fünf oder sechs Orgelwogen endlich sein Handy in den Händen hält.

„Bestattungen Karg" und „Natürlich. Kein Problem", höre ich noch, bevor ich mich weiter in Richtung Küche bewege.

Zwei Minuten später kommt mein Vater nach und lächelt mich zerknirscht an. Diesen Blick kenne ich nur zu gut. „Tut mir echt leid, Karline. Ich muss noch mal los. Es kann spät werden. Essen ist im Kühlschrank."

Papa hat mir mal erklärt, dass er so was Ähnliches wie ein Notarzt ist.

„Ich kann meine Einsätze nicht planen. Wenn sich jemand meldet und meine Hilfe braucht, muss ich sofort hin, ob Tag oder Nacht, Wochentag oder Feiertag."

„Aber wieso Arzt? Du kannst nicht mehr helfen. Deine Patienten sind tot", habe ich eingewendet.

„Vergleiche hinken immer ein bisschen", meint Papa.

Ich frage mich, ob wirklich alle Vergleiche hinken oder ob nur Papas Vergleiche einen Gehfehler haben. Auf jeden Fall sind sie oft seltsam.

Der Blick in den Kühlschrank ist enttäuschend. Auf den milchig-weißen, halbrunden Berg Spaghetti habe ich keine Lust. Ich nehme nur ein Erdbeerjoghurt und schütte mir ein Glas Traubensaft ein. Den Joghurt löffle ich in einem rekordverdächtigen Tempo aus. Jetzt kann ich mich endlich ungestört mit meinem Grabschatz beschäftigen.

Ich hole die kleine Figur aus meiner Tasche und betrachte sie genauer. Die kleine Puppe sieht so süß aus! Sie sitzt im Schneidersitz, ihre Beinchen sind von einem langen Kleid bedeckt. In ihrem Schoß liegt eine winzige Blume. Die kleinen Händchen hat sie gegeneinandergepresst. Ich kann nicht erkennen, ob es ein Mädchen oder ein Junge sein soll. Die Figur hat keine Haare. Ihre Augen sind geschlossen und auf der Stirn über der Nase hat sie einen kleinen Punkt. Alles an ihr sieht niedlich aus.

Ich drehe sie in meinen Händen hin und her, dann drücke ich und ziehe an ihr. Die Puppe gibt nach und auf einmal halte ich rechts den Kopf und links die Beinchen in meinen Händen. Aus der Hälfte mit dem Kopf ragt ein schmaler, rechteckiger Stift.

Ein ähnliches Teil habe ich an Papas Computer schon gesehen: einen Stick. Zu gerne möchte ich wissen, was darauf gespeichert ist. Vielleicht finde ich dann sogar heraus, warum die Frau im Fliegenmantel das Teil ins Grab geworfen hat und komme einem großen Geheimnis auf die Spur?! Doch leider darf ich nicht alleine an Papas Computer, er hat sogar eine Kindersicherung installiert. Ich brauche also einen Computer und jemanden, der mir hilft, aber nicht zu viele Fragen stellt.

Da kommt nur einer infrage: Tom.

Statt weiter zu essen, hole ich mein Fahrrad aus der Garage, schwinge mich auf den Sattel und lasse mich die Straße herunterrollen. Ich strecke den Kopf in den Fahrtwind und genieße die Luft, die so gut nach Regen riecht.

Zehn Minuten später bremse ich etwas zu abrupt vor *Onkel Toms Hütte* in der Altstadt. Das Vorderrad schlittert und mein Lenker macht eine ruckartige Bewegung nach rechts. Im letzten Moment kann ich das Rad noch halten. Glück gehabt. Ich atme tief durch und drehe mich zum Eingang. Über der Tür baumelt ein neues Schild: WER MENSCHEN UND BÜCHER MAG, IST JEDERZEIT WILLKOMMEN! Der Spruch passt zu meinem Onkel Tom.

Mein Bremsmanöver hat Kern geweckt. Der große weiße Pudel, der bis gerade neben der Eingangstür geschlummert hat, erhebt sich würdevoll, streckt seine Vorderpfoten aus und kommt auf mich zugetänzelt. Sein Schwanz wedelt vor Begeisterung. Zur Begrüßung schnüffelt er erst an meinen Händen, um dann mein Gesicht abzuschlecken. Dafür muss der große Kerl sich noch nicht einmal auf seine Hinterbeine stellen, sondern nur seinen Hals recken.

„Kern, lass das. Du weißt, ich mag das nicht." Ich drücke den Großpudel meines Onkels ein Stückchen zur Seite. Er lässt von mir ab und setzt sich auf sein Hinterteil. Treuherzig schaut er zu mir auf. Wie soll man diesem Blick widerstehen?! Ich kraule ihn ausgiebig. Onkel Tom meint, ein Leben ohne Pudel sei möglich, aber sinnlos. Vielleicht hat er recht.

Ich drücke die Tür des Cafés auf. Fröhliches Lachen schallt mir entgegen und der leckere Geruch nach frischen Waffeln kitzelt meine Nase. Zum Glück hat das Café von Tom so gut wie immer geöffnet. Es ist toll, dass ich ihn Tag und Nacht anrufen oder besuchen kann. Na gut, morgens ist er nicht ansprechbar, aber da bin ich ja auch in der Schule.

„Hallo Lotta, wie schön, dass du mich besuchst!" Tom kommt hinter der Theke hervor, nimmt meinen Kopf in seine Hände und gibt mir einen dicken Kuss auf die Stirn.

Der Gast vorne am Fenster auf dem knallblauen Samtsessel schaut von seiner Zeitung auf. „Heißt deine Nichte nicht Karline?"

Es ist der Vater von Anton aus meiner Klasse. Ich kenne ihn von Schulfesten und einmal habe ich ihn im Rathaus getroffen, als ich mit Papa einen Pass abholen musste.

„Tom nennt Karline immer nach Romanfiguren. Ein kleiner Spleen von ihm", kommt Maja meiner Antwort zuvor. Sie hilft bei Tom als Bedienung aus und wischt gerade die Theke ab.

„Lotta kam mir in den Sinn, als ich sah, wie du gebremst hast." Er lacht. „Dein Fahrstil erinnerte mich an *Na klar, Lotta kann Rad fahren* von Astrid Lindgren."

„Lotta ist in dem Buch vier oder fünf Jahre alt und lernt gerade erst das Radfahren. Es ist echt frech, mich mit Lotta zu vergleichen!", beschwere ich mich.

„Ich kann nichts dafür. Ist mir eben spontan eingefallen", grinst Tom. „Kann ich es mit einer heißen weißen Schokolade mit Marshmallows wiedergutmachen?"

23

„Eine heiße Weiße wäre klasse, aber ...“ Ich weiß noch nicht, wie ich Tom meinen Fund auf dem Friedhof erklären soll.

Mein Onkel schaut mich prüfend an. „Na, raus mit der Sprache. Was kann ich noch für dich tun?“

„Ich habe da was. Kannst du es dir mal anschauen?“, frage ich, während ich meinen Grabfund aus der Tasche krame. Bevor ich Tom die Figur entgegenstrecke, ziehe ich sie auseinander, um ihm den Stick zu zeigen.

Er schaut kurz drauf und sagt: „Na klar. Komm mit nach hinten. Ich mache dir die Schokolade und dann schauen wir mal, was es damit auf sich hat.“

Ich laufe an den Gästen vorbei in sein Büro.

Im Café sind schon viele Bücher, aber das Büro ist mit Büchern förmlich vollgestopft. Sie stapeln sich sogar auf dem Boden. Außerdem steht hier ein Schreibtisch mit einem Computer und einem gemütlichen knallroten Samtsofa.

Vom Büro aus kann man durch eine vergitterte Glastür in einen Minigarten mit einem Rasenstück so groß wie ein Teppich sehen. Dort stehen zwei alte Korbstühle und ein kleiner, runder Tisch aus Metall, den Will, Toms Mann, rosa angemalt hat. Als ich kleiner war und Papa arbeiten musste, habe ich dort oft gespielt. Tom hat das Rasenstück meinen *Open-Air-Laufstall* genannt.

Hinter mir geht die Tür auf. Mein Onkel kommt mit einer großen, dampfenden Tasse ins Zimmer.

„Tausche Schokolade gegen USB-Stick", sagt er, als er mir den Kakao entgegenstreckt.

Ich reiche ihm das kleine Plastikteil und nehme ihm den warmen Becher ab.

„Dann wollen wir doch mal sehen." Tom loggt sich in seinen Computer ein und steckt den Stick in die Seite des PCs. „Was soll denn auf dem Stick sein? Wozu brauchst du ihn?", fragt mein Onkel interessiert.

„Hausaufgabe", antworte ich. Meine Antwort klingt nicht überzeugend, eher wie eine Frage.

Tom schaut mich von der Seite prüfend an. „Ok, ich merke schon. Ich frage besser nicht weiter, sonst lügst du noch mehr, Pinocchio." Er wuschelt mir durchs Haar. In diesem Moment erscheinen auf dem Bildschirm jede Menge kleiner Fotos. Tom klickt auf das erste, auf dem ein Garten zu sehen ist. Kein normaler Garten, wie ich ihn von unseren Nachbarn kenne, sondern ein völlig anderer. Auf dem großen Foto sind mehrere große dunkelgrüne Büsche zu sehen, die rund und weich daliegen, so als seien im Gras dicke Sitzkissen verteilt worden.

Als Tom weiterklickt, sehen wir einen großen Torbogen aus Holz, der rot angestrichen ist und dessen Seiten mit schwarzen Schriftzeichen bemalt sind. Die seitlichen

Stützen tragen ein dünnes, geschwungenes Dach. Das Tor sieht aus wie ein T auf gespreizten Beinen.

Als das dritte Bild aufploppt, entfährt mir spontan ein „Wow!" Es zeigt eine kleine Holzbrücke, die über einen wunderschönen blaugrünen Teich mit Seerosen führt.

„Elefantös", höre ich meinen Onkel neben mir sagen. Auch er scheint beeindruckt. „Von wem hast du die Bilder? Der Besitzer versteht eine Menge vom Gartenbau."

Meine Begeisterung macht es mir leicht, Toms Frage zu ignorieren. „Da würde ich gerne einmal hin! So etwas Schönes habe ich noch nie gesehen."

„Das wird schwierig, vermute ich. Das ist ein japanischer Garten, der liegt nicht gerade um die Ecke." Tom klickt die restlichen Bilder durch. Es sind weitere Aufnahmen von anderen Teilen desselben Gartens.

„Karline, auch wenn es dir unangenehm ist, willst du mir nicht doch verraten, von dem du den Stick hast und wozu du ihn brauchst?", fragt mein Onkel zum zweiten Mal. Wenn er meinen richtigen Namen nennt, wird es ernst.

„Ich habe ihn mir nur geliehen und bringe ihn morgen wieder zurück."

„Gut, darauf verlasse ich mich, aber vorher drucke ich dir zwei von den Gartenbildern als Erinnerung aus. Das wird den Besitzer schon nicht stören."

Super Idee. Als kleines Dankeschön bekommt mein Onkel einen Kuss auf die Wange.

Dann wähle ich das Bild mit dem Teich und ein Foto, auf dem der ganze Garten von oben zu sehen ist. Tom druckt die beiden Bilder aus und rollt sie zusammen, damit ich sie besser transportieren kann. Zum Schluss reicht er mir den USB-Stick. Gemeinsam gehen wir wieder nach vorne ins Café, wo Tom schon von einem Gast erwartet wird, der einen Tipp für einen guten Whiskey haben möchte. Ich trinke den letzten Schluck meiner Schokolade und verabschiede mich.

Keine fünf Minuten nachdem ich wieder zu Hause bin, höre ich den Schlüssel in der Haustür. Papa ist zurück. Schnell verstaue ich die Bilder in meiner Schreibtischschublade, dann laufe ich in die Küche. Wenn ich ihn lieb bitte, macht er mir bestimmt noch etwas zu essen.

Was wird Grete sagen?

Am nächsten Tag nach der Schule mache ich mich wieder auf zum Friedhof. Das süße Püppchen ist sicher in meiner Hosentasche verstaut und die Gartenbilder im Schulrucksack.

Ich nehme einen Seiteneingang und laufe zu dem Grab von gestern. Hoffentlich treffe ich jetzt niemanden. Das Glück ist auf meiner Seite, kein Mensch weit und breit zu sehen. Da das Grab schon zugeschüttet wurde, ist der Sarg nicht mehr zu sehen.

Am Kopfende bohre ich mit meinem Zeigefinger ein kleines Loch in die Erde. Dort stecke ich die Figur hinein. Zur Sicherheit drücke ich noch etwas Erde nach. Dann betrachte ich mein Werk. Es ist nicht zu erkennen, dass ich gerade etwas vergraben habe. Wer sollte auch schon auf den Gedanken kommen, dass ich in einem Grab etwas vergrabe.

„Karline, Karline, jetzt bist du schon wieder an dem Grab? Was ist los mit dir?"

Luca!

„Hey Luca, ich habe nur die Figur zurückgebracht."

Luca guckt mich verunsichert an. „Ich dachte, sie würde dir gefallen und du wolltest sie vielleicht gerne haben."

„Sie gefällt mir auch, sehr sogar, aber mein Vater hat mir verboten, sie zu behalten", gestehe ich.

„Tja, dann ..." Luca beendet den Satz nicht. Er scheint irgendwie enttäuscht zu sein. Mit gesenktem Kopf und die Hände tief in seinen Hosentaschen vergraben, steht er unschlüssig neben mir.

Mein schlechtes Gewissen meldet sich, schließlich wollte Luca mir einen Gefallen tun. „Danke trotzdem", murmele ich schnell. Für mehr habe ich keine Zeit, denn ich muss mich noch kurz bei Papa blicken lassen und bin gleich ich mit Grete verabredet.

Grete sitzt im Schneidersitz auf dem Gehweg vor unserer Haustür. Lustlos zupft sie das Unkraut, das zwischen den Pflastersteinen wächst. Wie schön, dass sie da ist. Endlich kann ich mit jemandem reden.

Es gibt keinen in meiner Klasse, den ich überhaupt

nicht mag, gut, bis auf Zoé, die ist schwer eingebildet, und Mika und Nikita. Die beiden Jungs nerven in jedem Unterricht. Doch Grete ist die Beste. Mit ihr treffe ich mich am allerliebsten.

Als sie mich sieht, strahlt sie. „Karline, weißt du, worüber ich gerade nachgedacht habe?"

„Nein, keine Ahnung." Ich zucke mit den Schultern.

„Man sagt, dass man mit Blumen sprechen soll, damit sie besser wachsen. Funktioniert das auch umgekehrt? Also, wenn ich das Unkraut anschweige, verschwindet es dann?"

Ich muss lachen. Meine Freundin hat lustige Gedanken.

„Wo warst du?", fragt Grete. „Meine Mutter wollte mich erst wieder mitnehmen, als keiner aufgemacht hat. Zum Glück konnte ich sie überzeugen, mich hier alleine warten zu lassen, auch wenn im Hinterhof vielleicht ein Toter liegt", ergänzt sie grinsend.

„Ich musste noch was auf dem Friedhof erledigen. Erzähl ich dir gleich. Komm erst mal mit rein." Ich packe meine Sachen in den Flur, hole Saft und zwei Gläser aus der Küche und gehe mit Grete in mein Zimmer. Grete bewegt sich schnurstracks auf mein Bett zu und lässt sich auf die Kissen fallen.

„Es ist ein bisschen gruselig, aber ich mag es, in einem Sarg zu liegen", stellt sie fest und streckt sich.

„Es ist kein Sarg. Wie oft soll ich es dir noch erklären?!" Ich seufze theatralisch.

„Jaja, ich weiß. Aber was ist es, wenn es aussieht wie ein Sarg, sich anfühlt wie ein Sarg und zufällig bei einem Bestatter im Haus steht?", tönt es munter aus den Kissen.

„Hast du schon mal einen knallroten Sarg mit Lichterkette gesehen? Und siehst du hier irgendwo einen Deckel? Jeder Sarg hat einen Deckel!", halte ich dagegen und tippe meine Lieblingsplaylist auf meinem Handy an.

„Eines Tages wirst du es zugeben. Ich glaube, du wolltest einen echten Sarg als Bett haben, aber dein Vater war dagegen. Deswegen hast du dieses rote Holzding bekommen. Es ist ein Kompromiss. Eltern lieben Kompromisse."

Grete ist wirklich klug. Sie ist auf jeden Fall klüger als ich. Findet unser Mathelehrer auch.

Dass sie schnell im Kopf ist, wird vielleicht auch helfen, wenn ich ihr von meinem Fund erzähle.

Ich hole die Fotos aus der Schulblade und hocke mich im Schneidersitz vor mein Bett.

„Kommen wir zu dem Grund, warum du auf mich warten musstest", beginne ich geheimnisvoll.

In den nächsten Minuten schweigt Grete und hört mir aufmerksam zu. Als ich verstumme, schaut sie mich erwartungsvoll an.

„Coole Geschichte. Und was passiert jetzt?"

„Keine Ahnung", erwidere ich ratlos. „Ich würde zu gerne wissen, warum die Frau im Brummermantel den USB-Stick heimlich ins Grab geworfen hat."

„Zeig doch mal die Fotos." Grete streckt mir ihre Hand entgegen.

Ich setze mich neben ihr in den Bettkasten und reiche ihr das erste Bild. „Tom meint, das sei ein Garten in Japan."

Grete sagt nichts und nimmt mir das zweite Bild aus der Hand. Auf diesem Foto ist der Garten von oben zu sehen. Lange starrt sie auf das DIN A4-große Blatt in ihren Händen. Sie runzelt die Stirn.

„Hmm", murmelt sie nachdenklich, dreht das Blatt auf den Kopf und studiert es weiter. Schließlich gibt sie es mir

33

zurück und sagt: „Ich glaube nicht, dass dieser Garten in Japan liegt. Ich glaube ...“, sie legt eine bedeutungsvolle Pause ein, „der liegt in unserer Stadt.“

„Wie kommst du darauf?“ Ich bin verblüfft.

„Schau dir mal das hier genauer an.“ Grete tippt mit ihrem Zeigefinger in die rechte obere Ecke des Fotos. „Was siehst du da?“

Ich konzentriere mich auf den kleinen Ausschnitt, auf dem gerade noch Gretes Fingerspitze lag. „Da ist ein großer weißer Schornstein mit ein bisschen Mauer.“

„Für mich sieht es aus wie ein Kühlturm und *das bisschen Mauer* nach der Wand eines Fabrikgebäudes. Es könnte das alte Industriegebiet sein, das hinter dem Freibad liegt.“

„Kenne ich nicht“, antworte ich.

„Doch, das musst du kennen. Es stand heute noch was darüber in der Zeitung. Die Stadt weiß nicht, was sie mit dem Gelände machen soll“, erklärt Grete. „Der Eigentümer ist gestorben und es hat sich bis jetzt noch kein Erbe gemeldet.“

„Ich lese keine Zeitung“, antworte ich leicht gereizt.

„Ich auch nicht“, lacht Grete, „aber manchmal höre ich meinen Eltern zu.“

„Meinst du, den Garten gibt es noch auf diesem Industriegelände?“

„Vielleicht schon", entgegnet Grete.

„Wir könnten es zusammen herausfinden. Der Garten sieht so toll aus, wie ein Minipark. Stell dir vor, es gibt ihn wirklich hier bei uns in der Nähe! Das wäre doch super!"

„So toll sind Gärten jetzt auch wieder nicht. Wir haben einen, wie du weißt. Meine Eltern stöhnen immer, wie viel Arbeit der macht."

„Aber der auf den Fotos ist doch völlig anders als der von deinen Eltern", wende ich ein.

„Mag sein, aber wie willst du es überhaupt anstellen, den Garten zu finden?"

„Na, wir fahren zum Industriegelände und suchen ihn."

So helle ist Grete also doch nicht.

„Ich habe kein Rad dabei." Grete klingt nicht gerade begeistert.

„Kein Problem. Wir leihen uns eins bei Arve aus."

„Ich dachte, du willst mit der neuen Freundin deines Papas so wenig wie möglich zu tun haben?", startet Grete den nächsten Einwand.

„Das stimmt, aber ich habe auch gesagt, *so viel wie nötig* und jetzt ist es nötig."

Ich stehe auf, greife nach Gretes Hand und ziehe sie aus dem Bettkasten hoch. Etwas widerwillig folgt sie mir.

„Was ist los?", frage ich, während ich schon die Haustür öffne. Grete bewegt sich im Schneckentempo den Flur entlang.

„Müssen wir wirklich mit dem Fahrrad durch die ganze Stadt fahren? Wir sind bestimmt eine halbe Stunde unterwegs. Und dann müssen wir ja auch wieder zurück."

„Wie kann man nur so bequem sein?", frage ich ehrlich verwundert. „Radfahren macht doch Spaß!"

„Wie du vielleicht bemerkt haben wirst, nicht allen", kommentiert sie spitz.

Ich verkneife mir ein Lachen und laufe nach draußen. „Zieh die Haustür einfach hinter dir zu, wenn du den Flur geschafft hast. Ich gehe schon mal zu Arve und frage nach einem Rad."

Wie sieht der Plan aus?

Arve wohnt nur ein paar Häuser weiter. Sie hat kein Namensschild und anstelle einer Türklingel nur ein Glockenspiel. Kaum habe ich am Seil gezogen, öffnet sich auch schon die Tür.

„Karline, wie schön, dass du mich besuchst. Komm doch rein", begrüßt sie mich strahlend.

„Ja gleich, ich muss noch auf Grete warten."

„Ihr kommt zu zweit, also doppeltes Glück. Ich koche euch schon mal einen Tee."

„Nicht nötig, vielen Dank", erwidere ich höflich. „Wir müssen noch etwas Wichtiges erledigen und Grete hat leider kein Rad dabei. Kann sie deins ausleihen?"

„Klar! Sie kann gerne mein Luxusbike haben, aber einen Tee trinken wir trotzdem vorher. Alles nimmt ein gutes Ende für den, der warten kann."

Jetzt fängt Arve auch noch mit dem Warten an! Immerhin hat es Grete mittlerweile bis zu Arves Haus geschafft.

„Wir müssen noch einen Tee trinken", erkläre ich mit möglichst neutraler Stimme.

„Wie nett." Grete strahlt und schlängelt sich an mir vorbei in den Hausflur.

Arve hat eine seltsame Wohnung. Es ist nur von einer Sache viel da und das ist Platz. Möbel gibt es kaum, nur ein paar Bücherregale und in der Mitte des Wohnzimmers hängt eine große Holzschaukel.

„Wie cool", ruft Grete begeistert. „Darf ich mal schaukeln?"

„Natürlich", schallt es aus der Küche zurück.

Grete setzt sich aufs Brett und holt Schwung. Nach drei Schwüngen hat sie eine beachtliche Höhe erreicht.

„Was ist das denn da im Garten?", ruft sie, als sie wieder in Richtung Wohnzimmerfenster schaukelt.

„Das ist das Beste an diesem Haus. Wenn du wieder unten bist, zeig ich es dir."

Grete stoppt mit einem Ruck und rutscht vom Schaukelbrett. Gemeinsam laufen wir zum Fenster. Rechts, direkt unter dem Schlafzimmerfenster steht ein Minipool. Wie ein großes Zauberloch erscheint der kreisrunde Pool, der tief genug ist, um hineinzuspringen. Auf der Fensterbank von Arves Schlafzimmer liegt ein dickes Holzbrett, das bis zum Poolrand führt.

„Wie cool ist das denn?!" Grete drückt ihre Nase gegen die Scheibe. „Können wir da auch mal rein?"

„Gerne", tönt es in unserem Rücken. Arve ist zurück. Geschickt jongliert sie ein Tablett mit drei Teetassen.

Mit dem Tablett in den Händen lässt sie sich in einer fließenden Bewegung auf die Sitzkissen sinken, die auf den hellen Holzdielen liegen. In dem Raum gibt es auch kein Sofa, keine Sessel oder Stühle.

Arve lächelt und klopft mit der flachen Hand auf das Kissen neben sich. „Mein rechter, rechter Platz ist frei."

Ich weiß nicht, ob ich ihre alberne Art lustig oder peinlich finden soll. Zwischen lustig und peinlich ist bei Erwachsenen oft ein schmaler Grat.

Aber Grete scheint Arves Art zu gefallen. Sie lässt sich auf das angeklopfte Kissen plumpsen und nimmt eine Teetasse. „Der Minipool ist himmlisch. So einen hätte ich auch gern", schwärmt Grete. Sie ist kaum zu bremsen, dabei weiß sie, dass Arve den Platz meiner Mutter einnehmen möchte, was ich aber nicht will. Mein Leben mit Papa und Tom ist perfekt. Arve stört nur in unserer Familie.

„Der ist aus der Not geboren. Und Not macht bekanntlich erfinderisch", erklärt Arve. „In diesem Haus gab es kein Bad mit Wanne oder funktionstüchtiger Dusche. Es war viel billiger, dieses übergroße Badeding in den Garten zu setzen, als das Bad mit allem Zipp und Zapp umzurüsten."

„So ganz ideal ist es aber nicht", bemerke ich spitz, „das Wasser ist eiskalt und der Holzsteg zum Pool ist ganz schön wackelig."

„Da hast du recht, Karline. Dafür muss ich noch eine bessere Lösung finden", antwortet sie entspannt.

Grete schaut sich interessiert um. Sie legt den Kopf schräg und versucht, etwas im Bücherregal zu entziffern. „Haben Sie etwa nur Bücher von Frauen?"

„Nein", lacht Arve. „Ich habe nicht nur Bücher von Frauen, sondern auch Bücher über Frauen. Du bist aber aufmerksam!"

„Warum haben Sie keine Bücher von Männern?", will Grete wissen.

„Habe ich auch. Schau auf die andere Seite." Arve weist mit einer Kopfbewegung nach links.

Gretes Blick wandert zum linken Regal. „Und warum stehen die getrennt?"

Die Antwort möchte ich nicht mehr abwarten. „Wir müssen jetzt auch los. Danke für den Tee", unterbreche ich das Gespräch und werfe Grete einen auffordernden Blick zu.

„Schon? Wie schade." Meine Freundin zieht eine Flappe, aber sie erhebt sich immerhin.

„Wo wollt ihr eigentlich hin?", fragt Arve.

„Zum alten Industriegelände", antwortet Grete, ohne zu zögern. Ich verdrehe die Augen.

„Das ist aber ganz schön weit draußen. Warum müsst ihr denn dahin?", fragt Arve mit leichter Skepsis in der Stimme.

„Meine Eltern meinen, ich solle es mir noch einmal anschauen, bevor alles abgerissen wird. Es sei wichtig, die Geschichte der eigenen Stadt zu kennen", erwidert Grete schlagfertig.

„Ja, die eigenen Wurzeln zu kennen ist gut." Arve nickt zustimmend.

Glück gehabt. Grete hat gerade noch mal die Kurve bekommen. Um ein Haar hätte sie unseren Plan verraten. Das Interesse von Arve scheint erst mal befriedigt zu sein. Sie steht auf und wir folgen ihr in den Garten. An der Hauswand lehnt ein altes, klappriges Fahrrad.

„Ein original Mifa-Rad", erklärt Arve stolz, als sie unsere überraschten Gesichter sieht. „Die werden schon seit über 30 Jahren nicht mehr produziert."

Ich betrachte das alte hellblaue Rad auf Minirädern genauer. Also, ich *vermute*, dass es mal hellblau war, denn unter dem ganzen Rost kann man die Originalfarbe nur noch erahnen. Der Abstand zwischen Sattel und hohem Lenker passt irgendwie nicht zusammen.

„Kein Wunder", platzt es aus mir heraus.

„Es ist total praktisch. Man kann es sogar zusammenklappen", schwärmt Arve, ohne auf meine Bemerkung einzugehen. Sie greift nach dem Lenker und schiebt das Rad vors Haus. „Wer will es fahren?"

Grete reagiert schneller. „Ich glaub, Karline", antwortet sie. Warum sie das sagt, ist mir klar. Mit den kleinen Rädern muss man viel mehr trampeln.

Ich ergebe mich in mein Schicksal, bedanke mich höflich bei Arve und schwinge mich auf das Klapprad.

Wir radeln los. Grete vorne, ich hinten. Nachdem wir in die nächste Straße eingebogen sind, lässt Grete sich zurückfallen. So können wir nebeneinander fahren und uns unterhalten.

„Was hast du eigentlich gegen Arve?", fragt sie.

„Muss ich mehr sagen, als dass sie meine So-gut-wie-Stiefmutter ist und wie Stiefmütter sind, weiß jedes Kind vom ersten Märchen an", stoße ich leicht keuchend hervor. Ich muss kräftig in die Pedale treten, um Gretes Tempo mitzuhalten.

„Wie du gerade richtig bemerkt hast, sind es Märchen und dass Märchen nicht das wahre Leben sind, solltest du mittlerweile erkannt haben."

Meine Freundin kann echt kluge Sprüche von sich geben, aber sie muss es ja auch nicht ertragen, dass sich diese Frau immer mehr in das Leben von Papa und mir drängt. Grete weiß nicht, wie das ist. Sie hat schließlich noch ihre Eltern gemeinsam zu Hause. Diese Fahrradfahrt eignet sich allerdings nicht dazu, das zu besprechen. Das Trampeln auf diesem Rad ist viel zu anstrengend, genauso wie die neue Frau an Paps' Seite.

Nachdem wir das Freibad hinter uns gelassen haben, wird die Gegend einsamer. Immer weniger Häuser stehen am Wegesrand. Kurz vor der Autobahnbrücke, am Rande eines Maisfeldes, taucht eine größere Anzahl von Wohncontainern auf. Zwei lange Reihen weißer Container stehen übereinander. Davor gibt es eine rote Schaukel aus Metall und ein kleines Klettergerüst. Zwei Kinderräder liegen vor der ersten Eingangstür. Auf einem Wäscheständer schaukeln T-Shirts im Wind. Vier Jungs und zwei Mädchen spielen gefährlich nah neben der frischen Wäsche Fußball.

„Ich würde gerne mal sehen, wie es darin aussieht", rufe ich Grete zu.

„Warum?", schreit Grete viel zu laut über die Schulter zurück.

„Weiß nicht. Sieht irgendwie gemütlich aus. Stell dir

mal vor, wir beide würden hier nebeneinander wohnen",
antworte ich, während ich etwas näher an sie heran-
strample.

„Aber stell dir vor, Mika und Nikita würden auch hier
wohnen."

Ich stöhne. Schon der Gedanke daran nimmt einem
jeden Spaß. Die schöne Idee ist geplatzt wie eine Seifenblase.

Am Ende der Straße sind die ersten Gebäude des Industriegeländes zu sehen. Wir radeln bis zu einer Einfahrt, die wie ein Haupteingang aussieht. Dort versperrt
ein Bauzaun den Zutritt. Auf einem gelben Schild steht:
BETRETEN AUF EIGENE GEFAHR.

„Was soll denn hier gefährlich sein?" Grete runzelt die
Stirn.

Ich steige ab und lehne das Rad an die Hauswand, um
den Bauzaun zu untersuchen. Er ist nicht schwer und
lässt sich leicht zur Seite heben. Grete nickt mir aufmunternd zu. Ich steige wieder auf und wir fahren auf das
Gelände. Verlassene Orte ohne Menschen haben etwas
Unheimliches, finde ich. Alles hier wirkt so, als wären
die Leute gerade erst gegangen. Eine leere Getränkedose
kullert über die Straße. Wir kommen an einer riesigen
Industriehalle vorbei, danach an einem alten Maschi-
nenhäuschen. Ein bisschen wirken die Hallen und alten

Backsteingebäude wie eine Filmkulisse. Als ob Grete meine Gedanken lesen könnte, sagt sie in diesem Augenblick: „Hier könnte man gut einen Krimi drehen."

Nach einer kurzen Pause fügt sie hinzu: „Irgendwie riecht es hier süßlich. Findest du nicht?"

Sie hat recht. Jetzt rieche ich es auch.

Auf der linken Seite, etwas weiter hinten, liegt eine gelb getünchte Villa. Mir gefallen die hohen weißen Fenster.

Die Villa ist deutlich älter und vornehmer als die anderen Gebäude auf dem Gelände. Mein Vater liebt alte Häuser und hat mir erklärt, woran man erkennen kann, in welcher Zeit sie gebaut wurden. Dieses ist bestimmt schon hundert Jahre alt.

Nach zwei weiteren langen Fabrikhallen und gefühlten 100 Pedalstramplern auf dem kleinen Klapprad ist das Fabrikgelände zu Ende. Eine Mauer stoppt unsere Fahrt. Von einem Garten ist weit und breit nichts zu sehen.

„Zeig noch mal das Foto, wo der Garten von oben zu sehen ist", fordert Grete mich auf.

Ich ziehe das zusammengefaltete Bild aus meiner Tasche und reiche es ihr.

„Also", beginnt Grete bedeutungsvoll. „Er muss vor dem Kühlturm liegen."

„Am Kühlturm sind wir gerade vorbeigefahren. Er ist dahinten links."

„Außerdem sieht man etwas von einer gelben Mauer. Die Steine sehen älter und anders aus als der übrige Beton und die rote Mauer hier", stellt Grete fest.

Mir kommt die alte Villa in den Sinn, an der wir vorbeigefahren sind.

„Komm mit, ich habe eine Idee!" Ich drehe mein Mifa-Rad um und schwinge mich wieder auf den Sattel.

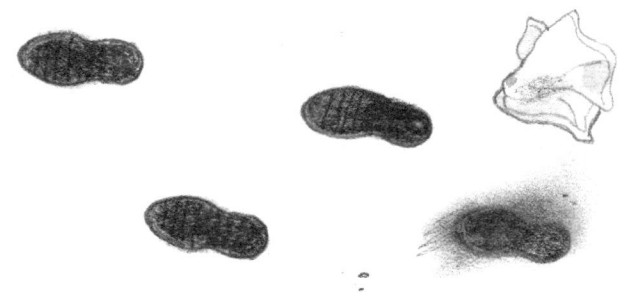

Wo ist der
märchenhafte Garten?

Nach einigen Metern biegen wir vom Hauptweg in Richtung der alten Villa ab, die ich beim Vorbeifahren gesehen habe.

Die Einfahrt zum Haus ist moosbewachsen und holprig. Der schmale Weg ist anscheinend längere Zeit nicht mehr benutzt worden. Er endet vor wuchernden Büschen und einem verschnörkelten Eisentor, doch das Tor ist nicht verschlossen. Wir stellen die Räder ab und laufen über eine Rasenfläche auf das Haus zu. Eine steinerne Treppe führt hoch zur Eingangstür. Zwei schmale weiße Säulen links und rechts neben dem Treppenaufgang enden unter einem gemauerten Vordach. Es ist gleichzeitig der Balkon für das Zimmer darüber. Wir laufen an der Vorderseite des Hauses vorbei und spähen vorsichtig um die Ecke. An der Seite wächst meterlang eine hohe dunkelgrüne Hecke. Sie wirkt wie eine undurchdringliche Mauer. An einigen Stellen wird die grüne Wand von alten Bäumen durchbrochen.

Leise Töne dringen durch das Grün an mein Ohr. Bei den Klängen muss ich an Arve denken.

„Grete, hörst du, was ich höre?"

„Ja sicher. Es ist zwar leise, aber ich bin ja nicht taub."

„Irgendetwas ist hinter der Hecke. Sollen wir uns mal durch das Grünzeug quetschen und nachgucken?" Ich versuche, ein paar Äste zur Seite zu biegen.

„Nein sagen bringt vermutlich sowieso nichts. Aber wenn wir dahinter nichts finden, fahren wir wieder nach Hause? So richtig wohl fühle ich mich bei unserer Aktion nicht", gesteht Grete.

„Abgemacht."

Wir laufen ein paar Schritte an der riesigen Hecke entlang. An einer Stelle, wo das Gebüsch nicht so dicht ist, zwängen wir uns durch das Dickicht.

Und dann liegt er vor uns: Ich erkenne ihn sofort wieder – das rote Holztor, in Form eines großen Ts auf zwei Beinen, die runden, kleinen Büsche, die wellenförmig geharkten Flächen, die wie Sand aussehen, über den gerade das Meer geschwappt ist. Es ist der Garten auf den Fotos!

„Grete, du hattest recht!", flüstere ich begeistert. „Der Garten ist nicht in Japan, sondern hier bei uns!"

Die sanften Töne, die wir gehört haben, stammen von einem Windspiel aus Eisen. Es hängt am Torbogen und schaukelt sanft hin und her. Jede Luftbewegung bringt die kleinen Glocken zum Klingen. Sonst ist es unglaublich still. Wir gehen vorsichtig ein paar Schritte über die grauen Steinplatten, an denen rechts und links hellbraune Stangen in die Höhe ragen. Das Licht, das durch die Stangen auf die Platten fällt, ist magisch.

Man kann nirgends so lautlos gehen wie in diesem Garten, denke ich.

Nach einigen Metern bleibt Grete stehen und zupft aus einem der kugligen Büsche ein paar Gräser heraus.

„Was tust du da?", frage ich verwundert.

„Ich wollte was versuchen. Wenn man die langen Gräser rausreißt, dann ist die Form der runden Büsche wieder perfekt." Grete mag es gerne ordentlich, genauso sehen auch ihre Hausaufgaben aus.

„Dazu brauchen wir eine Schere. Sieh mal, hier ragen schon überall kleine hellgrüne Blattspitzen heraus", erkläre ich fachmännisch. Oft genug habe ich Frau Breitmoser und Luca bei der Arbeit zugesehen.

Grete scheint vergessen zu haben, dass sie hier schnell wieder wegwollte. Mit einem glücklichen Lächeln läuft sie den Zickzackpfad weiter. In der Nähe plätschert Wasser. Nach der nächsten Kurve geben die Stauden und

Büsche auf einmal den Blick auf den ganzen Garten frei. Ich bekomme ein bisschen Gänsehaut. Alles sieht so märchenhaft aus.

„Guck mal, dahinten", flüstert Grete. Meine Augen folgen ihrem ausgestreckten Arm. Ganz am Ende des Gartens steht ein kleines Haus. Es wirkt wie ein großes Puppenhaus. Davor schimmert ein See in der Sonne. Der blaue Himmel spiegelt sich im Wasser.

Ich ziehe meine Schuhe und Strümpfe aus und laufe mit nackten Füßen Richtung See. Unter meinen Fußsohlen fühle ich die weichen Moospolster. Am Rand des Weges wachsen Farne und Gräser.

Mit einem Mal steigt mir wieder dieser süße Duft in die Nase. Diesmal noch viel intensiver. Es ist ein kleiner Baum, der so duftet. An seinen glatten Zweigen blühen weiße Blüten. Sie haben sechs oder acht zarte Blütenblättchen und einen rosa Kern.

Am See angekommen laufen wir über eine kleine Holzbrücke, die zu dem kleinen Holzhaus führt.

„Hast du schon mal so was Schönes gesehen?", frage ich Grete leise.

Sie schüttelt andächtig den Kopf und schaut hinunter auf die Seerosen, die auf dem Wasser schwimmen. Es sieht aus, als würden die rosa Blüten mit den herzförmigen dunkelgrünen Blättern über die Wasseroberfläche treiben.

Der Teich ist so groß, dass man ein paar Züge darin schwimmen könnte. Ich hätte große Lust hineinzuspringen oder zumindest die Füße von der Brücke hineinbaumeln zu lassen. Doch zuerst müssen wir den Garten erkunden und herausfinden, was in dem seltsamen Gartenhäuschen ist.

Der Steg führt zum Rasen vor dem Holzhaus mit dem geschwungenen Dach.

„Willst du da wirklich reingehen?", fragt Grete, als ich die Stufen zum Häuschen schon hinaufgestiegen bin.

Ich stehe auf einer überdachten Veranda mit einer

Holzbank auf der linken Seite und einem quadratischen steinernen Wasserbecken auf der anderen Seite.

Vorsichtig drücke ich gegen die Tür. Sie gibt sofort nach. „Es ist kein Einbruch. Die Tür ist auf. Komm mit." Ich winke Grete heran. Zögernd folgt sie mir. Bevor ich eintrete, klopfe ich mir den Sand von den Füßen ab. Der helle Fußboden ist blitzsauber, genau wie die runden Fenster aus Milchglasscheiben. Eine Papierschiebewand in einem Holzgitter verhindert die Sicht auf das ganze Zimmer. Vorsichtig schiebe ich die Wand zur Seite. Der Raum ist fast leer. Zum zweiten Mal bei diesem Ausflug muss ich an Arve denken. Der Besitzer macht sich anscheinend auch nicht viel aus Möbeln. Rechts gibt es ein Podest, auf dem ein Schrank aus braunem Holz steht. Er hat die Form einer Treppe und besitzt drei große Fächer mit Schiebetüren. Außerdem zähle ich acht unterschiedlich große Schubladen, Platz für kleine und große Dinge.

Zielstrebig geht Grete auf den Schrank zu. Sie zieht an einem der ovalen Metallgriffe und schaut in die erste Schublade.

„Was ist drin?"

„Geschirr", antwortet Grete enttäuscht und zieht schon die nächste Schublade auf. „Noch mehr Geschirr, genauer gesagt kleine Schalen", kommentiert sie ihren Fund.

„Ich habe kein gutes Gefühl, hier alles zu durchwühlen", wende ich ein.

„Ach, auf einmal. Erst willst du unbedingt in den Garten und dann in dieses Haus und jetzt plötzlich stört es dich, wenn ich nachschaue, was in den Schubladen ist?" Grete sieht mich verwundert an.

„Ich weiß auch nicht. Hier drin ist alles so sauber und ruhig. Ich habe das Gefühl, als würden wir stören. Außerdem machst du alles dreckig. Guck mal, deine Schuhe haben ganz schön viel Erde hinterlassen."

Grete schaut zurück und entdeckt ihre Schuhabdrücke auf dem hellen Fußboden.

„Ups. Wie kriegen wir das denn jetzt wieder sauber?" Sie zieht ein Papiertaschentuch aus ihrer Hosentasche, beugt sich vor und versucht den letzten Abdruck wegzuwischen. Erfolglos. Durch ihre Aktion ist es sogar noch schlimmer geworden. Jetzt ist der Dreck über eine größere Fläche verschmiert.

„Wir brauchen Putzzeug", stellt sie fest.

„Gut, dann rühr du dich nicht vom Fleck und ich suche nach etwas zum Saubermachen."

Ich öffne die einzige Tür, die von dem Raum abgeht. Dahinter liegt eine kleine Küche mit Waschbecken und einer schmalen Arbeitsplatte. Auch hier ist alles picobello sauber. Aber zum Wischen finde ich nur einen alten, verschrumpelten Schwamm auf dem Fensterbrett. Doch der wird uns nicht helfen, schon gar nicht, wenn wir hinterher nichts zum Trocknen haben.

„Es nützt alles nichts", sage ich, als ich wieder bei Grete angelangt bin. „Wir müssen morgen noch mal mit Putzzeug wiederkommen, um deine Fußabdrücke richtig wegzubekommen."

Grete grinst mich an. „Ja, da haben wir wohl keine andere Wahl", antwortet sie mit einem gespielten Seufzen. „Dann können wir auch gleich richtiges Gartenwerkzeug mitbringen."

Ich bin begeistert. „Super Idee, aber woher kriegen wir die Geräte?"

„Du kennst doch die Friedhofsgärtnerin, also vor allem ihren Sohn. Wenn du Luca lieb bittest, leiht er uns bestimmt etwas."

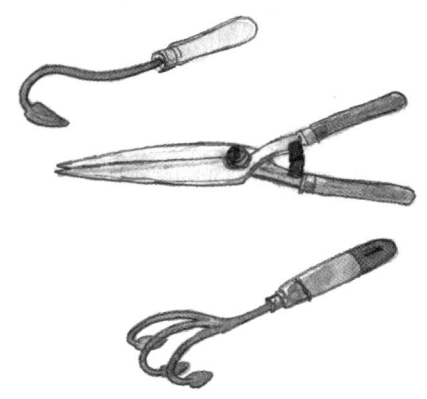

Wie wird das Grüne rund?

Als ich am nächsten Tag den Laden von Frau Breitmoser betrete, ist Luca nicht da.

„Luca ist noch in der Schule. Donnerstags hat er doch immer lang", erklärt Frau Breitmoser so selbstverständlich, als ob ich Lucas Stundenplan im Kopf haben müsste. „Was möchtest du denn? Kann ich dir vielleicht weiterhelfen?"

Ich schiebe mich an ein paar Eimern mit Schnittblumen vorbei. „Ich möchte mir Gartengeräte ausleihen."

„Und was für welche?", fragt Frau Breitmoser interessiert.

„Werkzeug, um Unkraut zu jäten und eine Hecke gerade zu schneiden."

„Als Gärtnerin sage ich lieber *Wildkraut* statt *Unkraut*. Das klingt freundlicher und passt viel besser. Schließlich ist das Kraut nicht schlecht, sondern wächst nur an einer Stelle, wo es einige nicht haben wollen."

Ich nicke. Das leuchtet mir ein. „Also, ich möchte Wildkraut entfernen und eine Hecke schneiden."

Frau Breitmoser nickt anerkennend. „Super und wo wächst das Wildkraut? Zwischen Steinen, im Rasen oder in einem Blumenbeet?"

„Hauptsächlich zwischen Blumen."

„Dann gebe ich dir einen Sauzahn und eine Handegge mit. Warte einen Moment." Sie dreht sich auf dem Absatz um und verschwindet durch die Hintertür in Richtung des Gewächshauses.

Nach zwei Minuten ist Frau Breitmoser mit drei Gegenständen zurück. „So, hiermit kann du loslegen." Sie reicht mir einen seltsam gebogenen Gegenstand aus Metall. „Das ist ein Sauzahn. Damit kannst du kleine Blumenbeete bearbeiten, ohne die Wurzeln der Blumen zu verletzen. Du lockerst die obere Bodenschicht, entfernst Unkraut und bringst Sauerstoff an die Wurzeln von Blumen und Sträuchern."

Ich drehe den Sauzahn in meiner Hand und versuche zu erkennen, warum das Ding diesen Namen trägt. Es sieht weder einem Schwein noch einem Zahn ähnlich. Allerdings habe ich auch noch nie einer Sau ins Maul geschaut.

Frau Breitmoser kommt meiner Frage zuvor: „Die beiden großen Hauer bei einem Schwein haben die Form des Metalls", erklärt sie mir. „Wenn du ein Schwein zum Lachen bringst, könntest du sie bestimmt gut sehen."

„Wie schafft man das denn?", frage ich verblüfft.

„Keine Ahnung. Wahrscheinlich musst du es hinter den Ohren kitzeln. Aber ich kenne mich deutlich besser mit Pflanzen als mit Tieren aus." Dann drückt sie mir noch eine Heckenschere in die Hand und klemmt mir einen Stiel, an dessen Ende eine Art Kamm aus Metall ist, unter den Arm. „Kannst du mir das Werkzeug am Montag zurückbringen?"

„Ja klar und vielen, vielen Dank", antworte ich, während ich die Arbeitsgeräte in meinem Rucksack verstaue. Der Stiel der Egge ist zu lang. Den muss ich in die Hand nehmen. „Dann bis Montag und viele Grüße an Luca."

An der Tankstelle wartet Grete bereits auf mich, diesmal mit ihrem eigenen Fahrrad. Auf dem Gepäckträger hat sie einen kleinen Eimer mit Putzmitteln festgezurrt. Wir radeln dieselbe Strecke wie gestern, aber heute kommt sie mir viel kürzer vor. Unsere Räder stellen wir diesmal an der Steintreppe ab. Dann laufen wir hinter die alte Villa und schlüpfen bei der ersten Möglichkeit durch den dichten Vorhang aus Ästen und Büschen.

Wieder haut mich der erste Eindruck um. Dieser Ort ist wie aus einem Märchen. „Warum versteckt man so einen schönen Garten?", überlege ich laut.

„Damit man ihn für sich allein hat", antwortet Grete wie selbstverständlich.

Wir laufen mit dem Putzeimer und dem Gartenwerkzeug zum Häuschen. Als wir es betreten, erwartet uns eine Überraschung: Die Schuhabdrücke von Grete sind weg. Der Boden ist blitzsauber.

„Nicht gut!", stellt Grete fest.

Ich verstehe, was sie meint. Wir müssen zwar nicht putzen, aber wir sind offensichtlich nicht die Einzigen, die diesen Garten kennen.

Bei meinem nächsten Schritt raschelt es vorne an meinem Fuß. Auf dem Boden liegt ein Zettel, darauf ist ein Paar Schuhe gemalt, das mit einem roten Strich durchgestrichen ist. Neben den Schuhen erkennt man mit ein bisschen Fantasie Socken, mit einem grünen Haken daneben. Ich bücke mich und hebe den Zettel auf. Grete schaut mir über die Schulter.

„Der Künstler hat keinen Namen hinterlassen." Grete nimmt mir das Blatt aus der Hand und betrachtet es eingehend.

„Was sollen wir denn jetzt machen?" Unbehaglich sehe ich mich um.

„Na, wir laufen im Haus nur noch auf Socken rum", antwortet Grete grinsend.

„Das meine ich nicht. Du weißt schon."

Aber Grete scheint ganz entspannt zu sein. „Also, solange es nur ein Kind ist, das schlechte Bilder malt und seinen Namen nicht verrät, können wir doch trotzdem hierbleiben und den Garten ein bisschen schön machen. Was soll schon passieren?!"

„Stimmt, es wird uns schon keiner verhaften, nur weil wir uns hier um die Pflanzen kümmern." Warum soll ich mir jetzt den Kopf darüber zerbrechen, was erlaubt ist und was nicht, wenn Grete offenbar kein Problem damit hat. Entschlossen packe ich den Sauzahn aus und reiche ihn meiner Freundin. „Du kannst mit dem Unkrautzupfen anfangen. Ich übernehme die grünen Bälle", schlage ich vor.

Grete nimmt bereitwillig den Sauzahn und beginnt mit dem Unkrautjäten am Teichrand. Ich laufe zu dem ersten Buchsbaum am Eingang und beginne, die kleinen Triebe zurückzuschneiden.

Wir arbeiten still vor uns hin. Das Schneiden macht Spaß. Man sieht, was man geschafft hat und keiner stört einen. Die Vögel unterhalten sich und ich lausche dem Plätschern des Miniwasserfalls im Teich. Ganz weit entfernt hört man die Autos auf der Fernstraße fahren, aber es sind Geräusche wie aus einer anderen Welt.

Nach einer Weile lasse ich die Schere sinken und schiele zu Grete herüber. Die Augen konzentriert auf den Boden gerichtet, entfernt sie das Unkraut zwischen den Blumen – oder das Wildkraut, wie Frau Breitmoser sagen würde. Jetzt schiebt sie sich eine verschwitzte Haarsträhne mit dem Arm aus ihrem Gesicht. Ich trete einen Schritt zurück und schaue mir meinen Buchsbaum aus der Entfernung an. „Oh nein", entfährt es mir.

Grete schaut erschrocken auf. „Was ist los?"

„Ich habe eine Delle in die Kugel geschnitten."

„Nicht nur eine", stellt Grete nach einem kurzen Rundgang um den Busch fest und fängt an zu lachen. „Immerhin kann man den Buchsbaum noch als rund bezeichnen. Er sieht jetzt allerdings wie die Golfbälle meines Vaters aus, die haben auch solche Dellen rundherum."

Ich finde das Ergebnis meiner Gartenarbeit nicht ganz so lustig wie Grete, die neben mir steht und immer noch kichert. „He, so witzig ist das auch wieder nicht. Wir können ja tauschen, dann siehst du, wie schwer das ist."

„Nein, schon gut, ich glaube dir, dass das nicht einfach ist", beschwichtigt sie mich. „Wir müssen eh noch mehr darüber wissen, wie man so einen Garten richtig pflegt. Komm mal mit. Ich frage mich nämlich ...", sie zieht mich zum Eingang des Gartenhäuschens, „... was mit diesem Gewächs hier los ist?"

Die Pflanze, die sich am Pfosten des kleinen Häuschens hochrankt, besitzt fünfgliedrige grüne Blätter. Die oberen Blätter sind jedoch gelblich-braun und haben sich aufgerollt.

„Sie sieht krank aus", stelle ich fest.

„Ja, finde ich auch, aber was macht man jetzt mit ihr? Zupft man die gelben Blätter ab, braucht sie mehr Wasser, muss man sie schneiden oder braucht sie vielleicht Pflanzenmedizin?"

In diesem Moment ertönt ein klirrendes Geräusch. Es kommt aus dem Gartenhaus. So hört es sich an, wenn ich die Müsli-Schalen, nachdem ich sie aus der Spülmaschine geräumt habe, aufeinanderstaple.

Grete und ich schauen uns erschrocken an.

„Es gibt jetzt zwei Möglichkeiten", flüstert Grete. „Entweder wir rennen schnell weg oder du schaust nach, ob da jemand drin ist."

„Warum kannst *du* nicht nachgucken?", frage ich flüsternd zurück.

„Weil ich zu langsam bin. Wenn da jemand drin ist, kannst du viel schneller abhauen."

Das stimmt. Grete ist beim Sprint eine echte Katastrophe, was einige unserer Mitschüler im Sportunterricht gerne kommentieren. Grete findet das nicht weiter schlimm, sie weiß, dass sie andere Sachen super kann.

„Was ist mit der Variante, dass wir beide zusammen reingehen?", zische ich.

„Dann bin ich beim Wegrennen immer noch nicht schneller", kontert Grete.

Ich gebe mich geschlagen und schleiche die kleine Treppe hoch. Ganz vorsichtig setze ich Fuß vor Fuß und betrete den Raum. Mein Herz schlägt bis unter die Schädeldecke. Ich halte den Atem an und bewege mich leise weiter nach vorne. Die Papierwand ist zur Seite geschoben. Die Tür zur Küche steht halb offen, aber durch den Türspalt ist weder etwas zu sehen noch zu hören. Nach weiteren drei Schritten kann ich die Tür berühren. Mit einem leichten Stups drücke ich sie auf. Die Tür schwingt langsam zur Seite und gibt den Blick in die Küche frei. Meine Augen wandern zum Fenster. Es steht offen und schlägt gegen den Rahmen. Gerade kann ich noch sehen, wie am Gartenende ein Sneaker an einem Bein blitzschnell durch die Hecke verschwindet.

Erleichtert kehre ich zu Grete zurück. „Er, sie oder es ist durchs Küchenfenster verschwunden!"

„Das ist doppelt gut", antwortet sie.

Ich stehe grade auf der Leitung. „Warum doppelt?"

„Na, erstens ist der Mensch nicht mehr da und zweitens war es nicht der Besitzer, denn der wäre nicht geflüchtet, sondern hätte uns eher weggeschickt", erklärt Grete.

Wir setzen uns an den Teich, ziehen Schuhe und Strümpfe aus und lassen unsere Füße im kühlen Wasser baumeln.

Als ich nach einer Weile aufschaue, begegnet mir Gretes Blick.

„Was ist da im Wasser?"

„Keine Ahnung. Ich gucke nicht ins Wasser, ich denke nach." Wieder starre ich auf den Teich.

„Okay und *worüber* denkst du nach?"

„Dass es hier unglaublich toll ist. Wäre es nicht cool, wenn wir so einen Garten für uns hätten?"

Grete nickt begeistert. Dann schweigen wir wieder und man hört nur das Plätschern unserer Zehen im Wasser.

„Jetzt sollten wir aber noch ein paar Golfbälle schneiden." Grete knufft mich in die Seite und grinst. „Schließlich ist der Nachmittag nicht ewig lang."

Sie hat recht. Ich springe auf die Füße und suche mir den nächsten Buchsbaum. Er ist etwas größer als die anderen. Aus ihm könnte man bestimmt sogar eine Schnecke schneiden. Aber vielleicht sollte ich lieber noch mal die Ballform üben, bevor ich mich an noch schwierigere Figuren herantraue.

Eine Stunde später machen wir uns müde und verschwitzt auf den Rückweg. Bei jedem Hubbel, über den wir fahren, spüre ich meinen Rücken. Am Ende des Industriegeländes müssen wir einen Augenblick warten, bevor wir die Straße überqueren können. Jetzt am Abend sind viele Autos unterwegs.

„Das nächste Mal sollten wir etwas zu trinken und zu essen mitnehmen", schlage ich vor. Grete reagiert nicht.

„Erde an Grete! Was hältst du von meiner Idee?"

„Welche Idee?", fragt sie geistesabwesend.

„Essen und Trinken bei unserem nächsten Garteneinsatz mitzunehmen", wiederhole ich.

„Guter Plan. Machen wir. Aber sag mal, als wir gerade an der Halle neben der Villa vorbeigefahren sind, hast du da auch das schwarze Auto gesehen?"

„Nein. Welches Auto?"

„So ein schicker, großer Wagen und wenn ich das richtig gesehen habe, war hinten auf der Scheibe ein Aufkleber mit unserem Rathaus drauf."

„Und was bedeutet das?"

„Weiß nicht. Ist mir nur aufgefallen. Bisher ist uns hier nie jemand begegnet und wenn's nach mir geht, könnte das auch so bleiben."

„Ach, vielleicht hat der sich nur verfahren", beruhige ich Grete. Die Straße ist endlich frei und wir können rüber und Gas geben.

Was sollen wir
bei Regen machen?

Ich schwimme im Gartenteich. Die Tür des Teehäuschens öffnet sich und jemand erscheint im Eingang. Die Sonne blendet mich. Deshalb kann ich nur den Schatten erkennen. Ich kneife die Augen zusammen und mache ein paar Schwimmzüge auf ihn zu. Warmer Wind bläst mir ins Gesicht. Der Luftzug wird immer stärker und das Brausen dröhnt in meinen Ohren. Ich öffne die Augen und schaue in die Düse unseres Föns, den mein Vater mir lachend über das Gesicht hält. Es ist seine neueste Weckmethode. Er findet, ich sei zu alt für ein Weckküsschen, und behauptet, wenn ein sanfter Wind mein Gesicht streichelt, wäre das ein schöner Ersatz. Papa und Tochter können nicht immer einer Meinung sein.

Zu gerne hätte ich gewusst, wer da im Türrahmen stand, aber diesen Traum hat Papa gerade weggeblasen.

„Zieh dich schnell an, Töchterchen, dann kann ich dich noch zur Schule fahren. Es schüttet wie aus Eimern."

Wenn ich sonst auch Regen mag, heute finde ich ihn schrecklich. Bei diesem Wetter können wir nicht zum Garten fahren. Wie man etwas vermissen kann, das man vor einer Woche noch nicht einmal kannte.

„Nach der Schule gehst du am besten zu Tom ins Café. Ich sage ihm gleich Bescheid und hole dich dann dort ab. So wirst du nicht noch mal so nass wie am Montag."

„Okay", willige ich leise ein.

„Was ist los, Karline? Sonst freust du dich doch immer, wenn du zu Tom kannst?"

Da ich Papa schlecht erklären kann, warum ich enttäuscht bin, gebe ich mir einen Ruck: „Alles gut. Es wird bestimmt wieder lustig, wenn ich mit Tom und seinen Gästen meine Mathehausaufgaben mache."

„Ich könnte natürlich auch Arve fragen. Sie hat gestern noch angeboten, dass du jederzeit zu ihr kommen kannst." Papa sieht mich forschend an.

„Nee, Papa, bei Tom ist es klasse. Wir treffen uns da!", antworte ich schnell und verschwinde im Bad, um mich fertig zu machen und einer weiteren Unterhaltung zu entgehen.

Grete ist genauso enttäuscht wie ich. „So ein blödes Wetter", schimpft sie in der ersten kleinen Pause, als wir durch das Klassenfenster die schweren Regenwolken vorbeiziehen sehen.

Ich nicke. „Ja, wirklich ätzend."

Grete starrt weiter in den grauen Himmel. „Also kein Gartenwetter, aber was machen wir dann?"

„Ich muss zu Onkel Tom. Dort soll ich meine Hausauf-

gaben erledigen und anschließend holt mein Vater mich ab."

„Ich komme mit", schlägt meine Freundin vor.

„Spitzenmäßig", freue ich mich. Vielleicht wird der Nachmittag doch nicht so blöd.

Bei Tom im Café ist es sehr ruhig, als wir ankommen. Nur zwei Stammgäste sind da und genießen ihren Kaffee. Einer blättert in einem Bildband über Architektur.

„Das doppelte Lottchen, herzlich willkommen", begrüßt uns Tom strahlend. „Wollt ihr erst etwas trinken oder euch gleich ans Werk machen?"

„Eine weiße Schokolade wäre klasse", antwortet Grete postwendend.

„Kein Problem, my Ladies", entgegnet Tom und deutet eine Verbeugung an. „Die Damen können sich schon in den hinteren Westflügel des Hauses begeben. Die Getränke werden gleich serviert."

„Ich hatte auf dem Weg hierher einen Einfall", erklärt mir Grete, als wir nebeneinander am Schreibtisch im Büro sitzen. „Ich mache für uns beide Mathe und du versuchst, am Computer etwas über japanische Gärten herauszufinden."

„Erstklassige Idee! Wenn Tom gleich kommt, frage ich ihn, ob wir seinen PC nutzen dürfen."

Die beiden Stunden bei Tom im Büro vergehen wie im Flug. Grete und ich lernen viel über die Geschichte, die Pflanzen und die Pflege dieser besonderen Gärten. Das Gartenhaus nennt man Teehaus und die Schalen, die wir in dem Treppenschrank entdeckt haben, sind ganz spezielle Teetassen.

„Alles, was da wächst, geharkt, gepflanzt und gebaut ist, ist bis zum letzten i-Tüpfelchen geplant und soll dafür sorgen, dass die Besucher sich wohl und sicher fühlen. *An einem solchen Ort kann man die Sorgen und Probleme des Alltags hinter sich lassen*", lese ich Grete laut vor.

Grete schaut nicht von meinem Matheheft auf, sondern murmelt: „Das ist es, deswegen ist es da so schön. Man kann dort nachdenken und niemand stört einen."

„Aber was hier zur Pflanzenpflege steht, hilft uns nicht wirklich", stelle ich nach einer weiteren halben Stunde frustriert fest. „Auch wenn ich jetzt weiß, dass die Schnittkunst eine Kunst ist, kann ich immer noch keine runden Heckenbälle schneiden."

„Ich finde, wir sind ein ganzes Stück klüger. Der gut riechende Baum muss ein Pfirsichbaum sein und die hübsche weiße Blume im schwarzen Kübel neben dem Teich wird eine Sternmagnolie sein, auf die man nicht aufpassen muss. Die blüht einfach."

Papa ist durch die kleinen Gassen der Fußgängerzone in

der Altstadt bis direkt vor Toms Café gefahren – der Vorteil eines Leichenwagens, er darf fast überall lang fahren.

„Grete, komm du zu mir nach vorne. Karline geht nach hinten. Die kennt das schon", ruft er uns durch die runtergelassene Scheibe zu.

Ich klettere hinten in den Wagen. Von dem Gespräch vorne bekomme ich durch den prasselnden Regen wenig mit. Ich schiebe die Abtrennung zwischen Fahrerraum und dem Kofferraum zur Seite und frage: „Kann Grete noch mit zu uns kommen?"

„Nein, heute leider nicht. Wir sind bei Arve zum Schlechtwetteressen eingeladen. Sie hat extra für uns gekocht."

„Ich habe aber gar keinen Hunger. Ich bin von Toms Schokolade noch ganz voll."

„Dann isst du eben nichts, aber dabeihaben möchte ich dich trotzdem", antwortet Papa ernst.

„Ich will aber nicht", versuche ich es erneut, während ich sein Gesicht im Rückspiegel beobachte.

„Ja, das weiß ich", sagt Papa mit seinem Augenbrauenblick, den er nicht oft auflegt. Diesen Blick gibt es in drei Warnstufen. Wir befinden uns gerade auf Stufe 2. Seine Augenbrauen haben sich aufeinander zubewegt und die Augen sind dabei kleiner geworden. Jetzt sollte man etwas Gas aus dem Gespräch nehmen.

Den Rest der Fahrt schweigen wir.

Als wir in die Eichendorffstraße einbiegen, meldet sich Grete: „Können Sie mich bitte hier schon rauslassen? Meine Eltern müssen nicht unbedingt sehen, wie ich nach Hause gekommen bin. Sie wissen ja, die beiden haben Angst vor dem Leichenwagen."

„Kein Problem", antwortet Papa und bremst.

Was ist ein Garten
ohne frische Luft?

Schon in Arves Flur riecht es unglaublich lecker. Hätte ich das mit dem vollen Magen mal nicht gesagt. Während sich Arve und Papa begrüßen, schaue ich weg und betrachte intensiv die Jacken und Mäntel an der Garderobe. Warum müssen sich Erwachsene überhaupt küssen?

„Kommt durch! Ich habe Eierreis mit Gemüse, Knoblauch und meiner Lieblingssauce gekocht. Das wird euch hoffentlich schmecken."

„Und wie mir das schmecken wird", strahlt Papa und spricht mit einer viel zu hellen Stimme. Von dem Mann mit dem drohenden Blick vorhin im Auto ist nichts mehr übrig. Dabei ist es komplett albern, wenn Erwachsene untereinander mit Babystimme sprechen. Das wird mir später nicht passieren. Diesmal sitzen wir in der Küche.

Der schmale Holztisch ist hübsch geschmückt, darauf steht eine leuchtend blaue Vase mit Wiesenblumen. Auf den Tellern sind Servietten drapiert, die wie Kraniche aussehen.

„Ich hoffe, ihr habt viel Hunger mitgebracht." Arve schaut mich erwartungsvoll an.

„Karlines Bauch ist leider noch vom Besuch in Toms Café voll", kommt mir Papa zuvor.

„Ich will aber nicht unhöflich sein. Eine kleine Portion würde ich schon probieren", entgegne ich lächelnd.

Papa schaut mich von der Seite prüfend an, sagt aber zum Glück nichts.

Während des Essens reden wir wenig. Als Arve und Papa die Teller abräumen, fragt mich Papa: „Tochter, willst du dir nicht mal das Haus näher anschauen?"

„Kenne ich schon", erwidere ich lässig. Papa schaut mich bettelnd an. Arve kann seinen Blick nicht sehen.

„Du kennst noch nicht mein Lieblingszimmer", wirft sie von der Spüle aus ein. „In der ersten Etage, die erste Tür rechts. Bin gespannt, wie du es findest."

Also gut, warum nicht, denke ich. Dem Gespräch der beiden weiter zu lauschen, ist auf jeden Fall noch langweiliger. Und natürlich bin ich total neugierig auf Arves Lieblingsraum.

Als ich oben rechts die Tür öffne, entfährt mir ein

kleines „Oh". So etwas habe ich noch in keiner Wohnung gesehen. Es ist eine kleine Turnhalle oder eher ein kleines Ballettstudio. Über die gesamte rechte Wand zieht sich ein großer Spiegel. Der helle Holzfußboden federt ein wenig, als ich ihn betrete, so wie der Boden in unserem alten Gymnastikraum in der Grundschule. Zum Glück riecht es hier aber nicht so. An der linken Wand verläuft eine lange Holzstange. Am Ende der Stange liegen ein

paar Matten und neben den Matten schrumpelt ein alter, rissiger Medizinball vor sich hin. Eine Musikanlage steht auf der Fensterbank.

Ich mache ein paar Übungen vor dem Spiegel und tanze ein paar Schritte, die ich aus einem Musikvideo kenne. Mit Musik würde es noch mehr Spaß machen. Ich tänzele zum Fenstersims hinüber und drücke die Playtaste der Anlage. Die Musik, die ertönt, ist leider überhaupt nicht nach meinem Geschmack. Schade, dass ich mein Handy nicht dabeihabe. Stattdessen probiere ich ein paar Dehnungsübungen an der Stange, die ich noch aus meinen Ballettstunden kenne. Wenn ich sofort mit Spitzenschuhen hätte tanzen dürfen, wäre ich bestimmt länger als drei Monate zum Unterricht gegangen. Ob Arve Ballett tanzt und Spitzenschuhe besitzt? Ich könnte sie mal fragen.

Nachdem ich alles ausgiebig getestet habe, verlasse ich das Tanzzimmer und öffne die nächste Tür. Es ist Arves Schlafzimmer. Dort stehen ein flaches, breites Bett und ein schlichter Wandschrank, mehr Möbel gibt es auch hier nicht. Möbel mag Arve anscheinend wirklich nicht. Ich will den Raum schon wieder verlassen, als etwas neben dem Bett meinen Blick magisch anzieht. Das Glasding, auf das ich zusteure, ist eine Mischung aus großer Glasvase und breiter Flasche. Und darin befindet sich ein winziger Garten! Moos, kleine Bäumchen, weiße Steinchen und sogar eine kleine Brücke sind zu erkennen. Mein Herz schlägt schneller. Dieser Garten ist eindeutig japanisch. Ich hebe das große Glas an, um es genauer zu betrachten. Wie sind die Minibäume, die Brücke und all die anderen Sachen nur in die Flasche gekommen?

Als ich die Küchentür öffne, fahren Arve und Papa auseinander. Ich habe sie eindeutig gestört. Doch das ist mir im Augenblick egal.

„Was ist?", brummelt Papa, während er mit seinen Händen unbeholfen seine Haare ordnet.

„Oben, neben deinem Bett, steht eine Riesenvase mit einem Garten drin", sage ich an Arve gewandt.

„Ja, das ist ein Flaschengarten. Gefällt er dir?", fragt sie und strahlt mich dabei an.

„Und wie!" Ich nicke begeistert. „Es ist ein japanischer Garten, stimmt's?"

„Ja, richtig. Auf Japanisch heißt der Flaschengarten *Wabikusa*. Das Minibiotop ist bei den Japanern sehr beliebt, weil Grünflächen in den Großstädten oft Mangelware sind. Auf diese Weise holen sie sich einen kleinen Garten ins Haus."

„Ich kenne bloß den Flaschengeist von Aladin und ein Flaschenschiff aus dem Urlaub an der Nordsee, aber ein Flaschengarten war mir bisher unbekannt", kommentiert

Papa. „Ein Flaschensarg wäre doch mal eine schöne Idee", ergänzt er launig.

Wenn Papa mit Arve zusammen ist, wird er schnell komisch.

„Woher hast du den Flaschengarten?", frage ich neugierig.

„Den habe ich vor langer Zeit geschenkt bekommen. Eine komplizierte Geschichte." Arve weicht meinem Blick aus. „Man kann so einen Garten auch selber bauen", versucht sie abzulenken. „Soll ich mich mal schlau machen, wie das geht?"

Papa kommt meiner Antwort zuvor. „Das wäre toll."

Ich werfe ihm einen bösen Blick zu. Ich hasse es, wenn er an meiner Stelle antwortet.

„Ja, warum nicht?", sage ich vage zu Arve. Wenn ich nicht gerade genug mit einem großen Garten zu tun hätte und Arve nicht einen Posten in unserer Familie anstreben würde, dann fände ich die Idee richtig gut.

„Papa, mir ist oben eingefallen, dass ich dringend noch was für die Schule vorbereiten muss. Kann ich schon mal vorgehen?"

„Ja, wenn die Schule ruft, natürlich. Ich komme in einer halben Stunde nach. Ist das in Ordnung?", antwortet Papa gut gelaunt.

Auf die Frage erwartet er nicht wirklich eine Antwort.

Ich verabschiede mich höflich von Arve und bedanke mich für das leckere Essen. „Das Turn-Tanz-Zimmer ist klasse", rufe ich noch in Richtung Küche zurück, als ich bereits an der Haustür bin. Ohne ihre Reaktion abzuwarten, ziehe ich die Tür hinter mir ins Schloss.

Wo bekommen wir
mehr Hände her?

„Wir müssen quatschen", flüstere ich gegen Ende der zweiten Stunde Grete zu.

„Jetzt?", fragt sie leise zurück.

„Nein, natürlich nicht. Gleich in der Pause."

„Auf dem Schulhof können wir nicht in Ruhe reden", zischt Grete zurück.

Das stimmt. „Dann müssen wir dafür sorgen, dass wir im Klassenzimmer bleiben dürfen."

„Karline, Grete. Was kann ich tun, damit ihr in den letzten Minuten der Stunde eure Aufmerksamkeit wieder dem Unterricht schenkt?", tönt es freundlich vom Pult vorne. Unsere Deutschlehrerin Frau Feldmann kommt durch die Tischreihen näher und schaut uns fragend an.

„Wir müssen gleich ein Referat halten und ich glaube,

ich habe das Material vergessen", antwortet Grete mit einem entschuldigenden Unterton. Im Improvisieren ist meine Freundin einsame Spitze.

„Dann bleib doch nach dem Klingeln hier und schau in Ruhe deine Sachen durch. Wenn du es wirklich nicht dabeihast, dann überlegst du mit Karline, wie ihr ohne das Material ein gutes Referat hinbekommt. Im Kopf dürftest du die Informationen ja haben und deinen Kopf hast du dabei, wie ich sehe." Frau Feldmann ist einfach eine klasse Lehrerin. Da fühle ich mich besonders schlecht, wenn ich trickse.

Als es klingelt und sich das Klassenzimmer langsam leert, beginnt Grete geschäftig in ihrem Rucksack zu kramen. Frau Feldmann verabschiedet sich mit einem liebevollen Lächeln und wünscht uns viel Erfolg.

„Also", beginne ich, während wir uns auf die Tische setzen. „Ich habe mir Folgendes überlegt: Wir schaffen es nicht, den Garten alleine in Schuss zu halten. Wir brauchen Hilfe und da dachte ich, du fragst Luca."

„Der Plan leuchtet mir ein, bis auf den Teil: *Du fragst Luca*. Warum ich? Du kennst ihn doch viel besser. Mich hat er höchstens zwei- oder dreimal gesehen", wendet Grete ein.

„Stimmt, aber dich findet er toller. Du bist ein Jahr älter und hübscher als ich."

„Aber, wenn ich ihn um etwas bitte, dann denkt er vielleicht, ich fände ihn auch toll und das wäre voll peinlich."

„Na ja, vielleicht haben wir Glück und er findet den geheimen Garten genauso cool wie wir und macht sogar gerne mit", überlege ich weiter.

Grete nickt. „Hoffen wir mal. Okay, ich bin dabei. Wo treffe ich Luca, um ihn zu fragen?"

„Wir gehen zusammen in das Blumengeschäft seiner Mutter. Ich bringe das Gartenwerkzeug zurück und du beginnst ein Gespräch mit ihm. Am Schluss kommst du mit der entscheidenden Frage um die Ecke."

„Das klingt so einfach bei dir. Ich stelle es mir eher ein bisschen peinlich vor. Aber was tue ich nicht alles für den Erhalt der Erde, also *unserem* Stückchen Erde", sagt Grete etwas dramatisch.

„Heute fahren wir noch einmal alleine zum Garten, aber Samstag könnten wir Luca im Geschäft einen kleinen Besuch abstatten und ihn fragen."

Als wir am Samstagmittag die Gärtnerei betreten, ist der Laden voller Kunden. Mehrere Frauen und ein Mann tummeln sich zwischen und vor den Eimern mit Schnittblumen. Alle reden durcheinander. Im Unterricht würde kein Lehrer diese Lautstärke durchgehen lassen. Luca muss seiner Mutter helfen. Er steht hinter der Kasse und rollt die Blumen in Papier ein. Wir beobachten ihn eine Weile.

„Findest du nicht auch, dass Luca ein sehr flaches Gesicht hat? Er sieht ein bisschen so aus, als hätte man sein Gesicht als Baby gegen eine Glasscheibe gedrückt", raunzt mir Grete zu.

„Das ist nicht nett. So schlimm sieht er überhaupt nicht aus", verteidige ich ihn.

„Ich wollte ihn nicht beleidigen. Ist mir nur gerade aufgefallen."

In diesem Moment hebt Luca den Kopf und entdeckt uns. Ein Grinsen breitet sich auf seinem Gesicht aus und wenn mich nicht alles täuscht, wird er auch ein bisschen rot. Ist klar, fährt es mir durch den Kopf, Grete ist schließlich dabei.

Er wickelt noch den Strauß Blumen, den er in den Händen hält, in Papier ein und spricht mit der Mitarbeiterin an der Kasse. Bevor er zu uns kommt, wäscht er sich noch schnell die Hände am Waschbecken hinter dem Ladentisch.

„Guten Tag, die Damen. Was kann ich für Sie tun?", fragt er gespielt höflich.

„Ich wollte nur das Gartenwerkzeug deiner Mutter zurückgeben. Wo ist sie denn?", erkundige ich mich.

„Hinten, in den Gewächshäusern. Geh einfach durch.

Du kennst dich ja aus. Sie freut sich bestimmt, dich zu sehen, auch wenn sie heute ziemlichen Stress hat. Ihr seht ja, was hier los ist." Luca zeigt mit einer ausholenden Armbewegung auf die Kundinnen.

Als ich mich umdrehe, höre ich noch, wie Grete zu ihm sagt: „Musst du deiner Mutter eigentlich an jedem Wochenende helfen?"

Da ich die beiden alleine lassen will und die Antwort sowieso schon kenne, verdünnisiere ich mich schnell.

Als ich zurückkomme, stehen Grete und Luca immer noch am selben Fleck. Gretes Lachen dringt zu mir herüber.

„Was ist so lustig?", frage ich, um mich wieder ins Gespräch einzuklinken.

„Luca hat echt witzige Sprüche drauf", kichert Grete. „Gerade meinte er: Wer nicht harkt, der nicht gewinnt." Sie lacht schon wieder.

Ich bin mir nicht sicher, ob sie es wirklich so lustig findet. Ist auch egal. Hauptsache, Luca ist bereit, uns zu helfen.

„Alles klar, treffen wir uns also morgen um 14.30 Uhr an der Tanke?", fragt Grete abschließend.

„Ich bin schon supergespannt auf euer Geheimnis und helfe immer gern, wenn ich kann." Bei seinen Worten verneigt er sich vor uns und geht die ersten Schritte wie ein Butler rückwärts zurück.

Grete setzt ihr schönstes Lächeln auf und wir winken ihm noch einmal zu, bevor wir den Laden verlassen.

Luca ist schon da, als wir am nächsten Tag an der Tankstelle ankommen. Betont lässig, mit vor der Brust verschränkten Armen, lehnt er an der Crushed Ice-Kühltruhe vor dem Tankshop. Da ich vergessen habe, etwas zu trinken einzupacken, springe ich schnell in den Laden und kaufe eine große Packung Pfirsicheistee. Das Getränk passt gleich doppelt zu unserem Garten, erstens zu dem Pfirsichbaum und zweitens zum Teehäuschen. Wir schwingen uns wieder auf die Räder und machen uns mit Luca zu unserem geheimen Garten auf.

Beim Zur-Seite-Setzen des Baustellenzauns begegne ich Lucas ungläubigem Blick.

„Und ihr Mädels seid euch sicher, dass das alles in Ordnung ist, was ihr hier macht?"

Grete und ich strahlen ihn an.

„Alles supi", kommt mir Grete zuvor.

„Wollt ihr mir nicht langsam mal erzählen, was Sache ist?", erkundigt sich Luca.

„Nur noch zwei Minuten Geduld, dann siehst du es."

Luca zuckt mit den Schultern und grinst. „Geduld ist ja genau mein Ding, weißt du ja, Karline." Dann folgt er uns ohne weitere Diskussion.

Während wir an der langen dunklen Hecke entlanggehen, um unseren alten Einstieg wiederzufinden, rollt Luca hinter uns mit den Augen: „Wie gut, dass ich euch blind vertraue."

Drei Schritte weiter geben die Zweige der Büsche und Bäume eine breitere Lücke frei, durch die wir schlüpfen können. Ich beeile mich, um den Eistee ins Teehäuschen zu bringen. Er soll nicht warm werden in der Sonne. Als ich zurückkomme, steht Luca noch immer wie angewurzelt an der Hecke. Vor Staunen bekommt er den Mund nicht zu.

„Schlag keine Wurzeln, sondern komm", fordert Grete ihn auf.

„Das ist der Oberhammer. Voll krass." Luca schüttelt ungläubig den Kopf.

„Nicht wahr?!", erwidere ich mit einer Prise Stolz in der Stimme. „Genauso ging es uns auch, als wir zum ersten Mal hier waren."

Wie schlau sind Erbsen?

„Ich hab ja schon viele Gärten gesehen, aber das hier ist der absolute Wahnsinn", stellt Luca begeistert fest, nachdem er die erste Runde durch den Garten gedreht hat. „Woher wusstet ihr, dass es hier so was Tolles gibt?"

„Jetzt, wo du hier bist, kann ich es dir ja verraten. Aber du darfst es nicht weitersagen. Versprichst du uns das?"

„Ich schwöre", versichert Luca. Gespannt lauscht er unserer Geschichte.

„Und wozu braucht ihr mich dabei?", erkundigt sich Luca anschließend.

„Wir können den Garten nicht alleine pflegen, weil wir die meisten Pflanzen gar nicht kennen", gestehe ich.

„Und wir haben keine Werkzeuge, keine Pflanzenmedizin und nur vier Hände", ergänzt Grete.

Luca nickt verständnisvoll. „Du meinst Dünger, oder? Okay, dann schaue ich doch mal, was ich machen kann."

„Das ist übrigens ein japanischer Garten", sage ich mit wichtiger Miene.

„Schon klar. Im Gartenbau sind die Japaner echte Meister. Aber wusstet ihr, dass es in japanischen Städten so gut wie keine Mülltonnen gibt? Das habe ich in einem Video gesehen. Ob die denken, dass es ohne Mülltonnen auch keinen Müll gibt?", lacht Luca.

Ich bin mir nicht sicher, ob das ein Witz sein soll, oder ob Luca wirklich darüber nachdenkt.

„Wenn es keine Mülleimer gibt, dann muss man den Müll eben mit nach Hause nehmen, so wie wir im Garten", erkärt Grete. „Da merkt man auch erst mal, wo überall Müll entsteht, Kekspackungen, Saftpackungen ..."

„Vielleicht haben die Japaner auch deshalb keine Mülltonnen in der Stadt, damit jeder darauf achtet möglichst wenig Müll zu verursachen?"

Aber Luca scheint mit seinen Gedanken schon wieder irgendwo anders zu sein. Langsam schreitet er den Garten ab und nimmt alles fachmännisch unter die Lupe. „Oh, es ist doch nicht alles japanisch hier. Das ist Wieseniris, eine heimische Blume." Nach ein paar weiteren Schritten stoppt er abrupt. „Ups, was ist hier passiert? Der Buchsbaum ist total verschnitten. Was sollte das denn werden?"

„Ein Golfball", antwortet Grete grinsend.

„Sehr lustig", erwidere ich leicht genervt.

Verwirrt sieht Luca von Grete zu mir.

„Ich war das", gestehe ich. „Es ist verdammt schwer, so eine Pflanze rund zu schneiden."

„Da muss ich Karline recht geben. Das ist eine Kunst, die man lernen muss", verteidigt mich Luca.

Am Teehaus angekommen schlage ich vor, eine kleine Pause einzulegen. Ich hole aus dem Treppenschrank drei der hübschen blauen Keramikschalen und setze mich mit Grete neben das Wasserbecken auf die kleine Veranda.

Luca ist neben dem Häuschen verschwunden.

Gerade als ich den Pfirsicheistee eingegossen habe, tönt es von hinten: „Kommt mal, ich muss euch was zeigen."

Grete und ich laufen um die Ecke.

Luca steht vor einer Erdfläche, die etwa so groß wie ein Badehandtuch ist. Er deutet mit seinem Finger auf verschiedene grüne Blätter und zarte Pflänzchen, die aus der Erde sprießen. „Hier war eindeutig ein zweiter Gärtner am Werk", stellt er sachkundig fest.

„Woher willst du das wissen?", erkundigt sich Grete.

„Weil ihr selbst gesagt habt, dass es ein japanischer Garten ist, was ein Blinder mit einem Krückstock sehen kann, aber das hier ist alles andere als japanisch. Dies ist ein deutsches Gemüsebeet. Hier hat jemand vor einiger Zeit Erdbeeren, Möhren, Erbsen und irgendein Kraut oder Salat angepflanzt", belehrt uns Luca.

Ich bin beeindruckt. Luca weiß wirklich viel. Schade, dass man dafür in der Schule keine Noten bekommt, dann wäre er richtig gut.

„Pflanzen haben viel mehr drauf, als man denkt." Luca ist in seinem Element. „Sogar die kleinen Erbsen zum Beispiel sind richtig klug. Wusstet ihr das?"

Nein, das wussten wir nicht. Doch wenn die Erbse helle im Kopf ist, dann kann man andere mit *Du Erbsenhirn* nicht mehr beleidigen. Das muss ich mir merken.

„Meine Mutter hat mir von einem Zeitungsartikel erzählt. Wissenschaftler haben herausgefunden, dass Pflanzen, ähnlich wie Hunde, lernen können."

„Und wie funktioniert das?" Grete schaut Luca erwartungsvoll an.

„Pflanzen brauchen Licht zum Wachsen und richten ihre Blätter nach der Sonne aus. Klar soweit?"

Ich nicke leicht genervt. „Das war ja bis jetzt noch nichts Neues."

„Wart's ab", grinst Luca. „Wenn man die Lichtquelle mit dem Luftstrom eines Ventilators kombiniert, erwarten die Pflanzen nach einiger Zeit, dass dort, wo der Luftstrom kommt, bald das Licht angeht. Sie strecken sich also auch im Dunkeln schon in Richtung des Luftstroms aus, was sie normalerweise nicht tun würden."

„Verstehe ich nicht."

„Das ist vielleicht noch zu schwer für dich, Karline. In zwei oder drei Jahren lernst du das in Biologie."

Okay, Luca hat eine Menge Ahnung, aber den Lehrerton sollte er besser ablegen, sonst bereue ich noch, dass wir ihn mitgenommen haben.

„Also dann wachsen hier kluge wie deutsche Gemüsesorten, aber wer sagt dir, dass es nicht ein und derselbe Gärtner war?", hakt Grete nach.

„Wenn sich jemand so viel Mühe macht, alles japanisch anzulegen, dann versaut er sich diesen Style nicht mit solchen Nutzpflanzen. Der eine Gärtner will einen tollen Garten zum Anschauen, der andere Gärtner will etwas zu essen haben. So einfach ist das."

Luca hat recht, dieses Gemüsebeet passt überhaupt nicht zu all dem anderen hier. Unser Fachmann fürs Grüne bückt sich und befühlt den Boden.

„Ist noch feucht", stellt er fest. „Dieses Stückchen hat heute noch jemand gewässert."

„Das war vielleicht das Bein, was wir neulich haben weglaufen sehen", überlegt Grete laut.

„Was für ein Bein?" Luca schaut uns irritiert an.

„Bei unserem letzten Besuch waren wir nicht alleine hier. Aber der- oder diejenige ist abgehauen, als ich nachsehen wollte, wer es ist."

Luca dreht eine zweite Runde und begutachtet diesmal

die Blumen, Stauden und Büsche genauer. „So, Mädels, da ich nicht zum Vergnügen hier bin, lasst mich mal überlegen, was wir brauchen, um dem Grünzeug wieder auf die Sprünge zu helfen, obwohl es so übel noch gar nicht aussieht."

„Ein bisschen macht er auf dicke Hose. Findest du nicht?", frage ich Grete leise.

Meine Freundin folgt Luca mit ihren Blicken, während sie antwortet: „Ach, passt schon. Er hat wirklich Ahnung. Ist doch cool, was der alles weiß."

In diesem Augenblick schaut Luca zu uns rüber und lächelt lässig. Er zieht sein Handy aus der Tasche und beginnt etwas einzutippen. Dann schlendert er zu uns zurück. „Ich habe mir notiert, was wir alles brauchen. Mit dem Rasen ist es allerdings etwas kniffelig. Um den auf die Ideallänge zu bringen und dann zu halten, bräuchten wir einen Rasenmäher. So eine Fläche kann man schlecht mit der Nagelschere schneiden." Luca lacht über seinen eigenen Witz. „Heute kann ich aber sowieso nichts tun, mir fehlen die Geräte. Sollen wir nicht im Teich eine Runde schwimmen?"

Ich werfe ihm einen skeptischen Blick zu. „Wir haben kein Badezeug dabei."

„Macht nichts, hab ich auch nicht!" Schon streift Luca seine Sneakers ab. Dann schält er sich blitzschnell aus seiner Jeans, lässt sein T-Shirt auf den Rasen segeln und springt in Boxershorts ins Wasser. Wir bekommen ein paar Wassertropfen ab.

Grete und ich lassen uns am Teichrand nieder und verfolgen die kleine Vorstellung, die Luca mit ein paar Angeberschwimmzügen gibt.

Als er sich wieder aus dem Wasser hievt, bekommt er zur Belohnung eine Tasse Eistee in einer der blauen Keramikschalen gereicht. Eine Weile sagt keiner etwas. Wir hören den Geräuschen des Gartens zu. Der Wind raschelt in den Baumkronen, es knackt leise in den Zweigen und der kleine Wasserfall plätschert vor sich hin. Irgendetwas fällt in unserer Nähe auf den Kies.

„Was haltet ihr davon, wenn wir einen Gartenclub gründen?", unterbricht Grete die Stille.

„Wieso?" Überrascht schaue ich auf.

„Wir können über den Garten reden und alles planen, ohne unser Geheimnis zu verraten", begründet Grete ihren Vorschlag.

„Und wer soll dazugehören?", erkundigt sich Luca.

„Na wer wohl? Wir drei natürlich", erklärt Grete.

Mir gefällt der Gedanke.

„Ich bin dabei", erklärt Luca mit gnädigem Unterton. „Aber so ein Club braucht unbedingt einen Namen."

„Was haltet ihr von *Heiliger Busch*?", schlage ich vor.

„Man merkt, dass du dich zu viel in Friedhofskapellen herumtreibst", lacht Luca.

„Ich denke, es muss ein normaler Name sein. Sonst werden die anderen sofort hellhörig und neugierig", gibt Grete zu bedenken.

„Was haltet ihr von *Thorsten*?", fragt Luca.

„Was ist das denn für ein bekloppter Name?", gebe ich angriffslustig zurück.

„Das ist doch nur ein Trick, bei Thorsten kommt garantiert keiner drauf, was wir hier machen", rechtfertigt sich Luca.

„*Die Blumenvernichter*", schlägt Grete vor.

„Passt nicht zu mir", stellt Luca selbstbewusst fest.

„Das gilt dann wohl auch für den *Club der Turbo-schnecken*?", grinst Grete.

Luca verzieht verzweifelt sein Gesicht.

„Was haltet ihr von *Der grüne Punkt*?" Begeistert beuge ich mich zu den beiden herüber und verschütte dabei die Hälfte meines Eistees. „Unsere Eltern könnten denken, es wäre eine Umwelt-AG in der Schule."

Grete runzelt die Stirn, während sie mir eine Packung Taschentücher rüberwirft. Dann hellt sich ihr Gesicht auf. „Die Idee mit der Umwelt-AG ist gut, aber der Name erinnert mich zu sehr an Müll. *Die grüne Kugel* würde zu uns passen, also vor allem zu dir, Karline."

Luca und ich sind einverstanden.

„Die grüne Kugel ist okay und wenigstens nicht peinlich, aber kommen wir nun zu wichtigeren Dingen: Habt ihr etwas zu essen dabei?" Erwartungsvoll schaut uns Luca an.

Als Antwort kramt Grete eine Packung Kekse, drei Äpfel und ein paar Weintrauben aus ihrer Tasche. Luca beißt herzhaft in einen der Äpfel. Der Saft spritzt aus seinen Mundwinkeln. Sein Biss ist so groß, dass seine Zähne im Kerngehäuse landen. Er befördert einen Kern aus seinem Mund zurück ans Tageslicht und betrachtet ihn eingehend. „Meine Mutter sagt, dass in jedem Apfelgehäuse ein unsichtbarer Obstgarten steckt. Das fand ich als Kind immer toll. Habt ihr schon mal darüber nachgedacht?"

Grete und ich schütteln den Kopf.

„Wie viele Apfelbäume müssen denn zusammenstehen, damit man von einem Obstgarten spricht?", erkundigt sich meine Freundin interessiert. Luca überlegt. Anschließend diskutieren die beiden ernsthaft, ob vier Apfelbäume schon einen Garten ausmachen. Ich schalte ab und genieße das Plätschern des Wassers.

Als der Essensvorrat verputzt ist, drehen wir uns auf den Rücken und lassen uns die Sonne auf den Bauch scheinen. Ich atme tief ein. Alles riecht anders, wenn die Sonne länger darauf scheint, die Erde, die Steine, ja sogar meine Haut.

Was wird aus meiner weltklasse Idee?

Die nächsten Tage vergehen wie im Flug. Fast jede freie Minute verbringen Grete, Luca und ich im Garten. Am Freitag auf dem Rückweg in die Stadt habe ich eine weltklasse Idee.

„Was haltet ihr davon, wenn wir im Garten übernachten?!", rufe ich begeistert.

„Genialer Einfall", jubelt Grete. „Und wann?"

„Morgen", schlage ich vor.

Grete schüttelt bedröppelt den Kopf. „Das geht leider nicht. Heute Abend fahren wir übers Wochenende zu Oma und Opa."

„Das fällt dir aber früh ein", fauche ich wütend. Eigentlich bin ich superenttäuscht und nicht sauer. Ich weiß auch nicht wieso, aber wenn ich traurig bin, werde ich oft ganz plötzlich wütend, ohne dass ich dagegen etwas machen kann. Warum hat mir Grete nicht gesagt, dass sie am Wochenende nichts mit mir unternehmen kann? Gerade Samstag und Sonntag ist es ohne sie doof, da passiert nicht viel und Papa muss fast immer arbeiten.

„Motz nicht so rum, ich finde das mindestens so blöd wie du", gibt sie patzig zurück.

„Gut, dann ziehen Luca und ich das eben alleine durch." In meiner Stimme schwingt eine gehörige Portion Trotz mit. Ich trete stärker in die Pedale, um meinen Frust loszuwerden.

„Ähm, Karline, tut mir leid, aber auf mich musst du auch verzichten", schnauft Luca hinter mir. „Bei uns gibt es am Wochenende eine kleine Gartenschau. Da geht richtig die Post ab, deswegen muss ich meiner Mutter im Laden helfen."

„Kein Problem, dann schlafe ich eben alleine im Garten und habe endlich mal alles für mich alleine." Ich will meine tolle Idee einfach nicht aufgeben!

„Warum machst du nicht eine kleine Gartenpause und am Montag fahren wir wieder zusammen hin", schlägt Grete vor.

„Nein. Ich komme sehr gut allein zurecht und die Pflanzen hören ja nicht auf zu wachsen, nur, weil ihr etwas Besseres vorhabt."

„Hallo?! Ich muss arbeiten!", beschwert sich Luca. „Und

jetzt hör auf die beleidigte Leberwurst zu spielen. Wir verschieben es einfach. Die Idee ist cool und macht auch noch nächste Woche Spaß."

Aber Lucas Beschwichtigungsversuch zieht nicht bei mir. „Vielleicht, aber ich teste es schon dieses Wochenende. Ich habe schließlich nichts BESSERES vor. Darf ich wenigstens behaupten, dass ich bei dir schlafe, damit Papa keinen Wind von meinem Übernachtungsplan bekommt?"

„Na klar, versteht sich von selbst."

Wenigstens darauf kann ich mich bei Grete verlassen.

Als ich am nächsten Morgen aus dem Küchenfenster schaue, ziehen schwere graue Wolken über den Himmel.

Ich schmiere mir zwei Brötchen und packe noch einen Apfel, mein Handy und eine Packung Butterkekse ein. Zuletzt fülle ich Früchtetee in meine hellblaue Thermoskanne mit den Pinguinen. Mein Rucksack steht abfahrbereit im Flur. Bevor ich das Haus verlasse, ziehe ich noch meinen warmen Pulli aus Teddystoff vom Garderobenhaken. Papa weiß Bescheid, dass ich heute nicht zu Hause bin.

Während ich auf dem Rad vor mich hin trample, stelle ich mir vor, wie es sein wird, wenn ich den ganzen Tag und die Nacht allein im Garten verbringe. Was soll ich dort die ganze Zeit machen? Auf jeden Fall Musik hören. Etwas zu lesen mitzunehmen, wäre auch gut. Ich entscheide mich spontan, einen Schlenker zu Onkel Tom zu machen. Tom grinst immer wie ein Honigkuchenpferd, wenn ich ihn um ein Buch bitte. Auch heute löst meine Frage, ob er etwas zu lesen für mich hätte, sichtbare Freude aus. Er strahlt, als hätte ich ihm etwas geschenkt.

„Interessierst du dich noch immer für Gärten?", erkundigt er sich.

Ich nicke.

„Na, dann habe ich eines der schönsten Kinderbücher überhaupt für dich."

„Du weißt schon, dass du das fast bei jedem Buch sagst, was du mir leihst?", frage ich vorsichtig nach.

„Das liegt daran, dass ich nur fantastische Bücher besitze", antwortet er lachend und verschwindet in Richtung Büro. Als er die Bürotür gerade mal spaltbreit geöffnet hat, prescht Kern aus dem Zimmer und stürmt begeistert auf mich zu.

„Ja, warum bist du denn eingesperrt?", erkundige ich mich mit Säuselstimme bei dem weißen Pudel, dessen Schwanz wie ein wildgewordener Hubschrauberflügel rotiert.

„Kern, beruhig dich. Mach Platz", befiehlt Tom, der mit einem Buch in der Hand zurückkommt. Doch Kern macht nicht Platz und beruhigt sich auch nicht. Stattdessen beginnt er in einem beeindruckenden Tempo, eine Acht zwischen Tom und mir zu laufen.

„Heute legt dieser Pudel sämtliche Diva-Allüren an den Tag. Es sind bestimmt die Hormone", analysiert Tom das Verhalten seines vierbeinigen Gefährten. „Ich konnte ihn so nicht draußen vor der Tür lassen."

„Soll ich Kern mitnehmen? Ich fahre heute viel Rad und will ins Grüne. Ich könnte ihn morgen zurückbringen", biete ich an.

„Das wäre großartig. Du bist die beste Nichte von allen." Tom reicht mir ein schmales Taschenbuch. Das Buch sieht alt aus und das Bild darauf ist nicht so toll, aber der Titel gefällt mir umso besser: *Der geheime Garten*. Als ob Tom Gedanken lesen könnte.

Mit dem Buch im Rucksack und Kern an meiner Seite fühle ich mich schon viel besser. Das Abenteuer kann beginnen!

Am Garten angekommen, sprintet der Pudel sofort davon. Etwas Nasses berührt meine Nasenspitze, dann meinen Zeigefinger. Es beginnt zu regnen. Regen ist toll, besonders hier im Garten, wenn er an die Steine klopft und von den Blättern tropft. Eine Weile betrachte ich die Wassertropfen, die lustig von den weißen Kiessteinchen

abspringen. Nach wenigen Minuten ist jeder Strauch nass und ich auch. Ich renne unter den großen Baum neben dem Schwimmteich. Seine Äste berühren fast den Boden. Das dichte Laub schützt mich wie ein Regenschirm. Unter meinen Füßen ist es noch trocken, aber nur ein Stückchen weiter bahnt sich der Regen einen Weg durch das Gras und hinterlässt kleine Flüsse.

Das ist ein fröhlicher Regen, stelle ich fest, während ich den breitesten der Miniflüsse beobachte, wie er sich dahinschlängelt. Im letzten Sommer ist mir zum ersten Mal aufgefallen, dass der Regen unterschiedliche Launen hat. Ich mag den fröhlichen Regen am liebsten, aber es gibt auch gemeinen Regen, der kräftig klatscht und schüchternen Regen, der nur vorsichtig vor sich hin rieselt.

Kern mag gar keinen Regen, auch nicht den fröhlichen. Mit dem klatschnassen Fell, das an seinem Körper klebt, sieht er mitleiderregend aus. Er hätte sich die Erkundungstour durch den Garten sparen sollen. Gerade als ich mich herunterbeuge, um ihn zu trösten und etwas abzuklopfen, beginnt er sich wild zu schütteln. Die Tropfen spritzen von seinem Fell und bescheren mir eine kräftige Extradusche.

„Echt jetzt, Kern? Musste das sein?"

Der weiße Pudel schaut mich treuherzig an, so, als ob er keinen Schimmer hätte, worüber ich mich aufrege.

Mit den nassen Klamotten am Körper macht der Regen deutlich weniger Spaß. Die Kälte kriecht langsam an mir hoch.

„Komm, Kern! Ich zeige dir das Teehaus", fordere ich meinen vierbeinigen Begleiter auf und renne unter das Vordach. Das nasse Wollknäuel folgt mir. Ich öffne die Tür und mache eine einladende Handbewegung. Die Nase dicht am Boden, läuft Kern vor mir ins Teehaus.

Schnell schäle ich mich aus meinem T-Shirt und schlüpfe in meinen Teddypulli. Deutlich besser, stelle ich fest. Es ist zwar noch etwas früh fürs Mittagessen, doch ein leckeres Käsebrötchen geht immer.

Ich hocke mich in die Ecke auf den glatten Holzboden und hole Brötchen und Buch aus dem Rucksack. Kern kommt nach einem kurzen Kontrollgang durchs Zimmer zu mir getrottet. Der Geruch meines Käsebrötchens scheint ihm in seine feine Nase gestiegen zu sein. Schnuppernd kommt er meinem Gesicht immer näher.

„Nein, Kern. Nicht so nah!" Lachend wehre ich seine Schnauze mit meiner freien Hand ab. „Leg dich zu mir, dann bekommst du etwas ab." Auffordernd klopfe ich an meine Seite. Kern legt sich hin. „Braver Hund. Hier hast du deine Belohnung." Blitzschnell schnappt er sich das blassgelbe Stückchen. Der Hinweg und das Beschnuppern all der neuen Dinge haben ihn müde gemacht. Seine Augenlider senken sich. Umso besser, dann kann ich in Ruhe lesen.

Schon nach den ersten Seiten tauche ich in die Geschichte ein und vergesse alles um mich herum.

Wer versteckt sich
im Gartenhaus?

Vielleicht eine Stunde später hebt Kern plötzlich den Kopf und beginnt leise zu knurren. „Was ist Kern? Musst du Gassi?"

Kern erhebt sich und knurrt lauter, den Blick starr auf die Küchentür gerichtet. Mein Herz schlägt schneller. Was bekommt Kern mit, was ich nicht weiß? Ist da jemand?

In diesem Augenblick öffnet sich mit Schwung die Tür zur Küche und ein wildfremder Junge steht plötzlich im Zimmer. Mit angstgeweiteten Augen schaut er auf Kern.

Ich mustere den Jungen, der dort wie festgefroren steht. Er ist bestimmt zwei Jahre älter als ich, vielleicht sogar noch mehr. Er ist schlank, hat schwarze Locken, seine Haut schimmert goldbraun und seine Augen besitzen eine ungewöhnliche Farbe. Solche hellbraunen Augen habe ich noch nie gesehen.

„Ist der Hund gefährlich?", erkundigt sich der fremde Junge.

Ich hätte gedacht, seine Stimme sei tiefer. „Nein, Kern ist nicht gefährlich, es sei denn, er denkt, er muss mich beschützen."

„Hört er auf dich?", vergewissert er sich, ohne den Blick von Kern abzuwenden.

„Na klar. Zumindest immer dann, wenn er will."

Der Junge rührt sich noch immer nicht vom Fleck und starrt Kern unentwegt an. Er hat offensichtlich großen Respekt vor Hunden. Es war eine gute Idee, Kern mitzunehmen.

„Bist du alleine hier?", fragt er mich.

„Warum willst du das wissen?" Mein Atem stockt ein bisschen beim Sprechen.

„Du bist sonst immer mit deinen Freunden hier", antwortet mein Gegenüber.

Was soll ich von dem Jungen halten? Ich bin unsicher. Wir schweigen. Anscheinend wissen wir beide nicht, wie es weitergehen soll. Da nimmt Kern uns die Entscheidung ab. Er tänzelt freudig auf den Jungen zu, der erschrocken zurückweicht.

„Er will dir nur Guten Tag sagen", versuche ich ihn zu beruhigen.

„Der Hund muss mir nichts sagen. Bitte sag Stopp!", fleht er ängstlich. Noch immer hat er mich nicht angeschaut, sondern nur Kern im Auge behalten.

Ich stehe auf und sage mit entschlossener Stimme: „Kern, bei Fuß!"

Der Pudel dreht seinen Kopf zu mir und kommt tatsächlich zurückgelaufen. Ich bin selbst überrascht. Wenn so ein Pudel erst mal neugierig auf etwas geworden ist, folgt er meistens seiner Nase und nicht seinem Besitzer. Nachdem Kern wieder brav neben mir Platz gemacht hat, entspannt sich mein Besucher sichtbar und schaut zum ersten Mal mich an. Seine Mundwinkel verziehen sich langsam zu einem schüchternen Lächeln. Meine Sorgen verdünnisieren sich. Er sieht nett aus, sehr nett sogar.

„Wie heißt du?", frage ich ihn.

„Imad und du?"

„Karline." Aus Verlegenheit mache ich einen albernen Knicks. Die ganze Situation ist etwas peinlich, auch wenn ich nicht genau sagen kann, woran das liegt.

„Karline, möchtest du Erdbeeren?", fragt Imad.

„Ja, gerne." Zum Glück geht er nicht auf meinen Knicks ein. Er drückt sich irgendwie vornehm aus.

Imad verschwindet in der Küche und kommt mit einer kleinen Schale Erdbeeren zurück. „Sollen wir uns vor die Tür setzen? Es hat aufgehört zu regnen." Seine Stimme klingt ganz sanft.

Ich nicke, packe das Buch in den Rucksack und folge ihm nach draußen. Geschmeidig, ohne die Hände zu benutzen, lässt er sich in den Schneidersitz gleiten. Bei seiner Aktion ist keine einzige Erdbeere aus der Schale gehüpft. Beeindruckend. Ich nehme eher plumpsend neben ihm Platz und er reicht mir wortlos die Schale.

„Mmh, lecker. Erdbeeren sind meine Lieblingsbeeren."

„Erdbeere sind keine Beeren", erwidert er.

Ich lache. „Keine Braun- oder Eisbären, ich meine Beeren wie Himbeeren oder Brombeeren."

„Himbeeren und Brombeeren sind auch keine Beeren." Imad klingt leicht genervt.

„Nicht? Was sind sie dann?" Jetzt bin ich neugierig.

„Nüsse. Das Rote ist nichts, die kleinen gelben Körner sind das Wichtige."

„Und was ist mit Heidelbeeren oder Johannisbeeren?", frage ich nach.

„Das sind Beeren."

„Wer behauptet das?"

„Victor Windeck."

Ich schaue Imad ungläubig an.

„Der Mann, dem der Garten gehört", ergänzt er. „Er weiß sehr viel."

Dieser Herr Windeck, den ich nur durch sein Grab kenne, war also der Besitzer des Gartens!

„Wie hast du ihn kennengelernt? Hat er dir erlaubt, in seinem Garten zu sein? Kommt er aus Japan? War er

nett? Wer so einen tollen Garten hat, der *muss* nett sein",
sprudelt es aus mir heraus.

Ein zweites Mal, seit wir uns begegnet sind, lächelt
Imad. Doch mit meinen Fragen scheine ich seinen Rede-
knopf gedrückt zu haben. Imad beginnt leise, ohne Pause
zu sprechen. Er erzählt von seiner ersten Begegnung
mit Victor (er durfte ihn beim Vornamen nennen), wie
freundlich er war, wie er ihm erklärt hat, welche Pflanzen
hier wachsen, wie man sie versorgt und wie er ihn nach
einiger Zeit gebeten hat, den Garten zu pflegen. Dann ver-
stummt er wieder.

„Wann hast du ihn das letzte Mal gesehen?", erkundige
ich mich.

„Vor zwei Monaten. Und du?"

Prüfend schaue ich ihn an. Weiß er gar nicht, dass der
Mann gestorben ist? Vorsichtig beginne ich: „Ich kenne
ihn gar nicht."

„Aber woher kennst du dann seinen Namen?"

„Er steht auf einem Grabstein auf unserem Friedhof."

Imad überlegt einen Augenblick. Sein Gesicht verfins-
tert sich. „Er war sehr krank. Ich habe mir Sorgen gemacht." Dann, nach einer kurzen Pause, fragt er: „Wieso
sagst du *unserem* Friedhof? Habt ihr einen Friedhof?"

„Nein. Mein Vater ist Bestatter und kümmert sich da-
rum, dass die Menschen beerdigt werden."

Keine Ahnung, ob Imad mit dem Wort *Bestatter* etwas anfangen kann.

Kern erscheint im Türrahmen. Er hat sein Mittagsschläfchen beendet und muss Gassi gehen. Als er auf uns zutapst, rutscht Imad ruckartig zur Seite. Hunde sind ihm offensichtlich nicht geheuer.

„Hast du Angst vor Hunden?"

„Ich kenne mich mit Hunden nicht gut aus", antwortet er ausweichend. „Hunde sind wild und gefährlich. Im Iran leben sie draußen."

„Kern ist nicht gefährlich. Das siehst du doch. Ich glaube, er mag dich."

Imad schaut Kern skeptisch an und erhebt sich. „Soll ich dir zeigen, wie man den Buchsbaum richtig rund schneidet? Hat mir Victor beigebracht."

Ich nicke und folge ihm. „Du hast Gretes Fußspuren weggewischt und das Bild hinterlassen, stimmt's?"

Er nickt. „Das Mädchen heißt also Grete und wie heißt der Junge?"

„Luca."

„Ich kenne ein Mädchen, das Luca heißt."

„Ja, Luca kann man als Mädchen und als Junge heißen."

„Ich glaube, so etwas gibt es in unserem Land nicht." Nachdenklich schaut mich Imad an.

„Arve, die Freundin meines Vaters, meint, das wäre sehr

praktisch, denn dann könnte man sich später noch entscheiden, ob man ein Junge oder ein Mädchen sein will."
Zu gerne würde ich mehr über ihn wissen, ob er aus dem Iran kommt und woher er den Garten kennt, aber irgendetwas an seiner Art hindert mich, ihn auszufragen.

Wir jäten Unkraut, lesen Blätter auf und harken die Wege. Gar nicht so einfach, das Wellenmuster auf den weißen Kieswegen hinzubekommen. Imad schafft es mit einer eleganten Bewegung. Bei mir klappt es noch nicht so wirklich und meine Wellen haben ein leichtes Zickzackmuster. Aber ich bemühe mich.

„Für heute ist es genug", verkündet Imad gegen Abend.
Wie schade.

„Musst du nicht nach Hause?", will er wissen.

„Nein, ich werde heute hier schlafen", erkläre ich.

„Warum?" Imad schaut mich verständnislos an.

„Es ist bestimmt toll, im Garten zu übernachten."

„Warum?", fragt Imad ein zweites Mal.

„Weil es ein Abenteuer ist?", schlage ich halb fragend vor.

„Du hast kein Bett hier, keine Decke und du bist alleine." Imad habe ich offensichtlich noch nicht von meiner Idee überzeugt.

„Hast du keine Angst?", erkundigt er sich.

„Gegen Angst in der Nacht kenne ich einen tollen Trick. Man muss die äußeren Ecken des Hauses mit Pfefferminz-Zahnpasta einreiben."

„Und das hilft?" Imad schaut mich prüfend an. Ich bin mir sicher, dass er überlegt, ob ich ihn auf den Arm nehme.

„Also auf jeden Fall gegen nächtliche Monster. Monster hassen den Geruch von Pfefferminz-Zahnpasta. Wenn ich früher Angst beim Einschlafen hatte, hat mein Vater mit mir eine Runde ums Haus gedreht und auf jede Mauerecke Zahnpasta geschmiert. Es hat geholfen. Mir ist nie ein Monster zu nahe gekommen."

Jetzt lächelt Imad wieder so süß. „Dein Vater ist lieb", stellt er fest. „Was sagt er dazu, dass du alleine im fremden Garten schläfst?"

„Er weiß es nicht", beichte ich ihm.

Imad schüttelt den Kopf. „Nicht gut", stellt er fest. Dann holt er tief Luft und sagt bestimmt: „Karline, du musst zu Hause schlafen. Morgen früh treffen wir uns wieder hier. Ich bringe dir ein Geschenk mit."

„Nein, ich will nicht nach Hause. Ich schlafe hier!"

Was werden Grete und Luca sagen, wenn ich einknicke und zu Hause schlafe, schießt es mir durch den Kopf.

„Ich kann aber nicht auf dich aufpassen. Ich muss jetzt nach Hause, meine Mutter macht sich sonst Sorgen."

„Du brauchst auch nicht auf mich aufzupassen." Genervt verdrehe ich die Augen. „Ich komme supergut alleine klar und außerdem habe ich Kern dabei. Der beschützt mich im Notfall."

Imad sieht aus, als wollte er dagegen etwas einwenden, sagt dann aber doch nichts. Unschlüssig tritt er von einem Bein aufs andere. Schließlich gibt er sich einen Ruck. „Okay, dann bis morgen um 10 Uhr?"

„Jap, bis morgen." Ich schaue ihm nach, wie er hinter dem Haus verschwindet. Er hat offensichtlich einen anderen Eingang als wir gefunden.

Ich drehe mit Kern noch eine Runde durch den Garten.

Auf den Stufen vor dem Teehäuschen teilen wir uns die letzten Butterkekse und ich trinke den Früchtetee aus. Ein kleiner Vogel hüpft auf den Rand des Wasserbeckens neben mir und betrachtet mich neugierig.

Langsam dämmert es. Ich gehe rein und versuche es mir auf dem Boden gemütlich zu machen. Aber irgendwie klappt es nicht. Die Isomatte ist viel zu dünn und außerdem habe ich mein Kopfkissen vergessen.

Die Wut in meinem Bauch, die mich auf die Wahnsinnsidee brachte, alleine im Garten zu übernachten, ist längst verflogen. Nur zu gerne würde ich zuhause in meiner behaglichen roten Kiste inmitten meiner Kuschelkissen schlafen. Ich setze mich wieder auf und starre durchs Fenster nach draußen. Mittlerweile ist es fast dunkel. Kern stupst mich mit seiner Schnauze an die Schulter und schaut mich fragend an.

„Keine Ahnung, was wir hier machen", antworte ich ihm, denn ich glaube, genau das will er von mir wissen. „Komm, wir fahren nach Hause. Ich will in mein warmes, weiches Bettchen."

Wer gewinnt das Spiel?

Während ich meine Sachen aus dem Teehaus hole, fühle ich mich federleicht. Die Idee, alleine im Garten zu schlafen, war nicht meine beste.

Auf dem Rückweg fällt mir auf, dass immer mehr Graffitis an den Wänden der Gebäude auftauchen. Besonders gut gefallen mir die riesigen Comicfiguren Tom und Jerry auf dem großen roten Tor einer Lagerhalle. Schon von Weitem fallen die knallbunten Farben ins Auge.

Kern hat Schwierigkeiten das Tempo neben mir zu halten, so beflügelt radle ich zurück.

„Hallo? Niemand zu Hause?", rufe ich, während ich meine Schuhe im Flur abstreife. Die Stille ist auch eine

Antwort. Papa scheint nicht da zu sein. Ich steuere die Küche an, denn mein Magen knurrt gewaltig. Seit dem Brötchen und den Erdbeeren hat mein Bauch kein Essen mehr gesehen.

Kern hat offensichtlich ebenfalls Hunger. Erwartungsvoll hat er vor dem Kühlschrank Platz genommen.

Ich weiß genau, wie er sich fühlt. Wie ich vorm Getränkeautomat, nachdem ich die Auswahltaste gedrückt habe und darauf warte, dass unten mein Getränk herauskullert. Sanft schiebe ich ihn zur Seite, um die Tür zu öffnen.

Nach kurzer Suche entdecke ich ein paar Wurstscheiben in einer Frischhaltebox. Kern ist mit meiner Ausbeute sichtlich zufrieden. Jetzt muss ich nur noch etwas Leckeres für mich finden.

Als eine halbe Stunde später die Haustür aufgeht, höre ich Gekicher und eine vertraute Frauenstimme: „Paul, jetzt lass uns doch erst mal reingehen."

Einen Augenblick später stehen Arve und mein Vater in der Küche.

„Was machst du denn hier?", fragt mich Papa verdutzt und mein Gefühl sagt mir, dass meine Anwesenheit keine freudige Überraschung für ihn ist.

„Das ist ja eine tolle Begrüßung für deine Tochter",

antworte ich mit einer Mischung aus Enttäuschung und Wut.

„Du meinst die Tochter, die mir erzählt hat, dass sie heute bei ihrer Freundin nächtigt?", fragt Papa ungerührt zurück.

Um mich in die richtige Stimmung zu bringen, denke ich an den letzten schlechten Vokabeltest, den ich noch nicht gebeichtet habe und sage mit gedämpfter Stimme: „Vielleicht geht es deiner Tochter nicht gut ..."

Papa schaut mich prüfend an und seine Stimme ist nun doch leicht besorgt, als er sich erkundigt: „Was ist denn los? Bist du krank?"

„Nein, du musst dir keine Sorgen machen. Ich hatte nur Sehnsucht nach dir und wollte lieber wieder nach Hause", murmle ich.

In diesem Moment begegne ich Arves Blick. Sie lächelt amüsiert und verdreht die Augen, so wie ich es mache, wenn mich eine Wortmeldung von Lilly im Unterricht nervt, ich aber nichts laut sagen kann.

Papa kommt auf mich zu und drückt mich kurz, aber fest an sich. „Das ist schön, Töchterchen. Sollen wir vielleicht etwas zu dritt spielen oder einen Film gucken?"

Aufmunternd schaut er Arve an. Die gibt sich einen Ruck. „Warum nicht. Welches Spiel wollt ihr denn spielen?"

„Spiel des Lebens", schlage ich vor.

„Das gibt es noch immer? Das ist ja Wahnsinn. Das habe ich schon als Kind gespielt, allerdings hieß es da *Jinsei Game*." Arve scheint ehrlich begeistert zu sein.

„Wieso Jinsei Game?", frage ich nach.

„So heißt das Spiel auf Japanisch", erklärt Arve.

„Arve hat einige Jahre in Japan gelebt", ergänzt mein Vater stolz.

Ich frage mich, worauf er da stolz ist, schließlich hat er nichts damit zu tun.

„Bei dem Spiel wollte ich immer Schauspielerin werden und am Schluss mehr Kinder haben als in das kleine Plastikauto passen", lacht Arve.

Papa strahlt. „Genauso geht es Karline. Seit sie es spielt, ist sie auf die gleiche Mischung aus."

Es ist die erste Ähnlichkeit, die ich mit dieser Frau feststelle, obwohl, genau genommen ist es die zweite, denn wir mögen beide japanische Gärten und wenn ich weiter überlege, gibt es sogar drei Ähnlichkeiten: Wir mögen beide meinen Vater. Am besten ich denke nicht weiter darüber nach, sonst fallen mir noch mehr Gemeinsamkeiten ein. Drei sind schon mehr als genug.

Später, als ich es mir im Bettkasten gemütlich gemacht habe und Kerns Schnauze auf meinem Bauch liegt, den-

ke ich an den Nachmittag. Das Beste passiert mir immer,
wenn ich überhaupt nicht damit rechne. Heute war das
Imad im Garten.

Wie kann man
unsterblich werden?

Als ich morgens verschlafen aus dem Bett krieche, sind Arve und Papa noch nicht wach. Ich schreibe Papa einen Zettel, auf dem steht, dass ich Kern zu Onkel Tom zurückbringe und mich danach mit Grete treffe.

Als ich in den Garten komme, spüre ich sofort wieder dieses magische Gefühl. Es ist, als würde ich eine andere Welt betreten. Alles riecht so gut, erst recht nach dem Regen gestern. Besonders mag ich den Geruch von Wasser, Moos und Holz. Ich atme die Luft tief ein, dann ziehe ich Schuhe und Socken aus und laufe langsam über das feuchte Gras und die kleine Holzbrücke bis zum Teehaus.

Imad scheint noch nicht da zu sein. Wie schade. Ich lasse mich auf den Stufen nieder, auf denen ich gestern mit ihm saß und warte. Ich werde noch ein richtiger Profi in Sachen Geduld.

Aber hier fällt es auch leicht zu warten. Es gibt immer etwas zu sehen, zu riechen und zu belauschen. Ich schaue mich um. An der leicht angeschlagenen Pflanze mit den gelblich eingerollten Blättern rechts neben den Stufen bleibt mein Blick hängen. Ich stehe auf, um ein eingerolltes Blatt aufzurollen, da ertönt Imads Stimme direkt hinter mir.

„Das ist Jiaogulan, eine wertvolle japanische Pflanze. Sie wird *Kraut der Unsterblichkeit* genannt. Leider steht sie hier nicht ideal. Zu viel Sonne, aber Victor hatte Angst, dass sie eingeht, wenn man sie umpflanzt."

„Wenn man dieses Kraut isst, stirbt man nie?", frage ich skeptisch.

„Probier es aus." Imad zupft ein Blatt ab und reicht es mir.

Zögerlich nehme ich das Blatt in die Hand und betrachte es kritisch.

„Keine Angst. Ich will dich nicht vergiften. Man kann die Blätter einfach so essen. Meine Mutter legt sie sich immer auf eine Scheibe Brot."

Ich will keinen Rückzieher machen und beiße eine kleine Ecke des Blattes ab. Vorsichtig kaue ich auf dem Grünzeug herum. Es schmeckt süßlich und gleichzeitig ein bisschen bitter.

„Lecker ist es nicht, aber man kann es runterkriegen", stelle ich fest. Ich bin froh, dass ich es wenigstens probiert habe.

„In Japan machen sie daraus Tee oder Salat. Es ist Medizin. Victor hat mir Blätter für meine Mutter mitgegeben. Seit wir in Deutschland leben, kann sie schlecht einschlafen und hat schwache Nerven. Das Kraut hat ihr geholfen, genau wie Victor vermutet hat."

„Victor war wohl ein toller Typ", fasse ich zusammen.

„Für mich ja, aber ich glaube, nicht für alle", stellt Imad nachdenklich fest. Dann streckt er mir ohne Vorwarnung seine Hand entgegen. Zwischen seinen Fingern klemmt eine kleine, durchsichtige Bonbonschachtel. „Hier, deine Überraschung." Während er das sagt, schaut er nach unten und malt mit seiner Schuhspitze auf dem Boden.

Ich nehme die rechteckige Schachtel entgegen und betrachte sie genauer. Als ich erkenne, was es ist, pocht mein Herz vor Freude schneller. „Danke, Imad. So etwas Schönes habe ich noch nie bekommen", stammle ich. In meinen Händen halte ich einen winzigen Flaschengarten in einer alten Tic-Tac-Packung. Das Minibäumchen, die kleinen Steinchen und der winzige Hügel darin wirken, als hätte man den Garten dort hineingezaubert.

„Wie hast du das gemacht?", erkundige ich mich, nachdem ich aus dem ersten Staunen heraus bin.

„Geheimnis", antwortet er nur.

„Jetzt habe ich einen eigenen Flaschengarten", flüstere ich andächtig.

„Oh, du kennst Flaschengärten?" Imad ist überrascht.

Ich nicke stumm, ohne meinen Blick von dem süßen Minigarten in meinen Händen zu wenden. „Und woher kennst du Flaschengärten?"

„Victor hat einen großen in seinem Haus. Er hat mir gezeigt, wie es geht."

„Karline! Karline?", tönt es in diesem Augenblick vom Garteneingang her. Die Stimme würde ich unter Tausenden erkennen. Der magische Moment zerplatzt wie eine Seifenblase.

„Grete ist da", stelle ich fest.

Imad nickt. „Höre ich."

Da läuft uns Grete schon über der Brücke entgegen. Als sie Imad neben mir entdeckt, verlangsamt sie ihre Schritte.

Ich gehe auf sie zu, während Imad vor dem Teehaus stehen bleibt. „Hey, ich dachte, du müsstest das Wochenende bei deinen Großeltern verbringen." Meine Begrüßung klingt weniger begeistert als sonst. Heute wäre es gar nicht so schlimm gewesen, wenn sie zu Hause geblieben wäre.

„Eigentlich ja, aber ich habe so lange gebettelt und genervt, weil ich noch unbedingt mit dir in den Garten wollte, bis meine Eltern beschlossen haben, früher zurückzufahren, damit wir beide wenigstens noch den Sonntagnachmittag zusammen verbringen können. Doch wie ich sehe, hast du schon Ersatz für mich gefunden", fügt sie leicht verschnupft hinzu.

„Das ist Imad. Komm, ich stelle ihn dir vor." Ich fasse Grete an der Hand und laufe mit ihr gemeinsam zu dem Jungen, der Flaschengärten basteln kann.

„Das ist Imad", wiederhole ich, als wir direkt vor ihm stehen und mache eine ausladende Geste, als würde ich ihn auf einer Bühne präsentieren.

„Aha", kommentiert meine Freundin kurz angebunden meine Vorstellung.

„Schön, dich kennenzulernen, Grete." Imad lächelt und macht eine kleine Verbeugung, die er nach seinem Gesichtsausdruck zu urteilen ernst meint. „Möchtest du auch Erdbeeren?"

Na klasse, denke ich. Erdbeeren bekommt also jeder von ihm angeboten. Ich fühle einen kleinen Stich in der Magengrube, weil er Grete ebenso nett behandelt wie mich. Was natürlich Quatsch ist, denn schließlich ist sie meine beste Freundin und es ist toll, wenn sie sich auch gut mit Imad versteht. Außerdem hat Grete keinen Flaschengarten bekommen. *Noch* nicht auf jeden Fall.

Grete zögert nicht lange und schenkt ihm ihr süßestes Mädchenlächeln. „Erdbeeren wären klasse."

Ein paar Minuten später sitzen wir am Schwimmteich und genießen die leckeren Beeren, die keine sind.

„Imad, wo kommst du eigentlich her?", fragt Grete mit vollem Mund.

Ich schaue Imad fragend an. „Ja genau, das wollte ich dich auch schon fragen."

„Ich wohne drüben, in den Containern mit meiner Mutter und meinem kleinen Bruder."

„Nein", ich schüttle lächelnd den Kopf, „ich meine, aus welchem Land du kommst."

„Meine Familie kommt aus dem Iran", erklärt Imad.

„Und warum bist du jetzt hier?", will Grete wissen.

„Mein Vater und mein Onkel kamen ins Gefängnis. Meine Mutter, mein Bruder und ich mussten fliehen." Man sieht Imad an, dass er nicht darüber sprechen will. Er bohrt seine Finger ins Gras, den Blick in die Ferne gerichtet.

Um von dem Thema abzulenken, erzähle ich Grete, dass Imad den Besitzer des Gartens kennengelernt hat und seitdem den Garten pflegt. Außerdem schwärme ich davon, wie unglaublich viel er über die Pflanzen weiß.

„Imad kennt sogar die Pflanze da vorne am Teehaus, die halbtot aussieht, das ist das Kraut der Unsterblichkeit.

Ihre Blätter kann man auf einer Scheibe Brot essen oder einen Salat daraus machen."

„Tee geht auch", ergänzt Imad.

„Machst du uns einen Tee daraus?", fragt Grete und strahlt ihn wieder an. Ich würde auch gerne so lächeln können.

Imad springt auf. „Mache ich gerne, dauert aber etwas." Er verschwindet in Richtung Teehäuschen.

„Jetzt mal alles nacheinander. Ich denke, du bist hier mutterseelenallein und vermisst deine Freunde, doch stattdessen tummelst du dich mit einem fremden Jungen in unserem Garten. Habt ihr hier etwa zusammen über-nachtet?"

„Nein. Wo denkst du hin?" Ich muss lachen und spüre, dass ich rot werde. Und dann erzähle ich Grete alles haarklein, von der ersten Begegnung gestern Nachmittag bis hin zu unserer Verabredung heute Morgen. Nur die Sache mit Imads Geschenk, dem Flaschengarten, lasse ich aus.

„Teatime", tönt es etwas später aus dem Häuschen. Ich schnappe mir meine Schuhe und laufe mit Grete los. Auf dem Holzboden ist eine Decke ausgebreitet, auf der drei Keramikschalen aus dem Treppenschrank platziert sind. Teegeruch erfüllt den Raum.

„Schuhe aus", fordert Imad Grete auf. Diese Auffor-
derung duldet keinen Widerspruch.

Brav zieht sie ihre Schuhe aus. Wir laufen auf Socken
zur Decke und nehmen im Schneidersitz Platz. Die kleinen Keramikschalen sind ganz schön heiß. Ich kann sie
kaum halten. Vorsichtig nippe ich an der heißen Flüssigkeit. Das, was ich schmecke, wird ganz sicher nie mein
Lieblingsgetränk werden. Das flüssige Gebräu schmeckt
bitter und um es genießbar zu machen, fehlt es auf jeden
Fall an Zucker.

„Wie viel muss man von dem Zeug trinken, damit man
nie stirbt?", erkundigt sich Grete mit leicht angewidertem
Gesicht bei Imad. Wir haben offensichtlich den gleichen
Geschmack. „Ich sterbe lieber, als noch mehr von diesem
bitteren Zeug trinken zu müssen."

Imad lacht.

Sein Lachen wird von Stolpergeräuschen und einem
Fluch unterbrochen. Als ich aufschaue, liegt Luca vor uns
auf dem Boden.

„Wer hat denn die Schuhe hier so bescheuert hinge-
stellt?", schimpft er, während er sich wieder aufrappelt.

Grete und ich schauen uns schuldbewusst an, wir
haben unsere Schuhe am Eingang einfach kreuz und quer
liegen lassen. Doch dann müssen wir loslachen, denn der
sterbende Schwan, den Luca da gerade hingelegt hat, sah

wirklich witzig aus. Luca ist sein ungeschickter Auftritt peinlich. Beim Blick in die Runde wird er rot.

„Was sagt denn die Regie dazu, dass ihr hier mit einem wildfremden Jungen abhängt?", erkundigt er sich mit leicht aggressivem Unterton, als wir nichts sagen, sondern noch immer lachen. Mit *Regie* meint er vermutlich unsere Eltern.

Imad hört auf zu lachen. Er erhebt sich, geht auf Luca zu, reicht ihm die Hand und sagt: „Hallo, ich bin Imad. Freut mich, dich kennenzulernen."

Luca schaut ihn irritiert an, nimmt aber die Hand und antwortet betont langsam: „Hallo, ich bin Luca."

Imad macht eine einladende Handbewegung in Richtung Decke. „Luca, zieh deine Schuhe aus und nimm Platz. Möchtest du auch eine Tasse Tee?"

„Tee?!" Irritiert schaut Luca Grete und mich an. Er scheint nicht oft Tee angeboten zu bekommen.

„Nicht irgendein Tee. Es ist der Tee der Unsterblichkeit", klärt Grete den verdutzten Luca auf. „Probier mal. Er ist köstlich."

Zögernd nimmt Luca die Tasse von Imad entgegen und probiert einen Schluck. Einen Augenblick später hat die Flüssigkeit seinen Mund schon wieder verlassen und sich in hundert kleinen Spritzern im Raum verteilt. „Das schmeckt ja grausig! Wollt ihr mich vergiften?", hustet er.

In Sachen Übertreibung ist er wirklich gut.

„Was ist hier eigentlich los, Karline? Meine Mutter hat mir extra früher freigegeben, damit ich das einsame Mädchen retten kann, aber von einsamem Mädchen keine Spur, stattdessen ist hier ein ganzer Reisebus angekommen."

„Ich dachte das Gleiche und dann traf ich meine Freundin quietschvergnügt und in Begleitung an", pflichtet Grete ihm bei.

„Und wer ist das?", fragt Luca mich mürrisch, ohne Imad anzuschauen.

„Hat er dir doch schon gesagt. Das ist Imad. Wir sind uns hier gestern zufällig begegnet." Und dann erzähle ich

Luca noch einmal alles, was ich kurz zuvor Grete erzählt habe. Während meines Berichtes entspannt sich Luca sichtbar.

„Zwei kräftige Hände mehr kann ich gut gebrauchen. Da will ich mal sehen, wie du dich hier nützlich machen kannst", erklärt er großspurig.

Wer hier wen unterstützt, wird sich noch zeigen, schießt mir durch den Kopf. Ich bin aber erst mal erleichtert, dass sich Luca und Imad nicht streiten.

„Was ist mit der Villa? Hat der Gartenbesitzer dort gelebt?", möchte Luca wissen.

Imad nickt. „Nur nicht in den letzten Wochen. Da lag er im Krankenhaus."

„Und jetzt wohnt dort niemand mehr?"

„Ich glaube nicht", antwortet Imad.

„Sollen wir nicht mal nachgucken?" Luca schaut uns unternehmungslustig an und erhebt sich bereits. „Irgendwie ist es seltsam, dass weder im Garten noch im Haus irgendjemand ist. Die Villa ist doch viel zu wertvoll, um sie einfach leer stehen zu lassen. Ich sehe mich mal um. Kommt jemand mit?"

Imad zögert, doch dann steht er ebenfalls auf. „Ich komme mit."

Das ist mein Startsignal: „Ich auch. Was ist mit dir, Grete?"

„Och nee, wir sitzen doch gerade so gemütlich hier“, wehrt sie ab.

Imad geht einen Schritt auf Grete zu und lächelt sie an: „Grete, komm mit.“

Stöhnend rappelt sich Grete auf und folgt uns widerwillig. „Was soll an einem leeren Haus schon spannend sein.“

Was verbirgt sich in der Villa?

Die Rückwand der Villa ist efeubewachsen. Luca läuft über die Veranda und stoppt an der Terrassentür. Als er das Efeu vor der Glastür mit Schwung zur Seite zieht, macht es PLOPP und eine kleine Kugel aus Ästen landet neben ihm auf dem Steinboden.

„Hoppla!" Luca bückt sich und hebt das runde Etwas auf. „Wow, ein Zaunkönignest. Guckt mal." Er winkt uns heran. Wir rücken auf und betrachten den Ball aus Ästen. An der rechten Seite ist ein kleines Loch.

„Zaunkönige sind coole Vögel. Die sind richtig zutraulich und verbreiten schon früh morgens gute Laune, da singen die, was das Zeug hält. Zumindest die Alten, die Jungvögel haben es noch nicht so drauf. Die können die Songs höchstens halb und singen leiser."

„Meine Mutter sagt immer, es ist besser, leise schlecht

zu sein als laut, das gilt besonders fürs Singen", unterbricht Grete Lucas Biostunde.

Luca wirft meiner Freundin einen irritierten Blick zu. Ihre Bemerkung hat ihn aus dem Takt gebracht.

„Aber jetzt hast du das schöne Nest kaputt gemacht", stelle ich fest.

„Kein Problem für den kleinen König", reagiert Luca lässig. „Der baut bis zu fünf Nester und lässt die Dame seines Herzens wählen, in welchem Bau sie wohnen will. Anschließend übernimmt das Weibchen die Innenausstattung und polstert das Nest mit Moos, Wolle und Federn aus."

Grete möchte wissen, wie der Vogel aussieht.

„Klein, rund und unauffällig, durch seine rostbraunen Federn. Er ist der drittkleinste Vogel in unserer Gegend."

Beeindruckend, was Luca alles weiß.

Imad ist ans Fenster herangetreten und drückt seine Nase an die Scheibe, um etwas im Hausinneren erkennen zu können. „Drinnen sieht es genauso aus wie vorher."

Luca läuft zum nächsten Fenster und drückt gegen den Rahmen, um zu testen, ob es sich öffnen lässt. Als es nicht nachgibt, nimmt er sich die nächste Scheibe vor. So geht er die Seite ab und verschwindet schließlich um die Hausecke.

„Luca, wo willst du hin?", ruft Grete hinter ihm her. Doch sie bekommt keine Antwort.

„Er wird wiederkommen", stellt Imad nüchtern fest.

„Sollen wir uns noch ein wenig in die Sonne legen, jetzt wo es aufgehört hat zu regnen?", fragt Grete.

„Wieso in die Sonne legen?", erkundigt sich Imad.

„Na, um zu chillen", antwortet Grete, sichtlich irritiert über diese Frage.

„Warum sagst du *in die Sonne legen*? Man kann sich nicht in die Sonne legen. Sie ist zu weit weg und viel zu heiß."

Jetzt verstehen wir, was er meint. Die deutsche Sprache ist nicht immer sinnvoll.

„Okay, Imad. Hättest du Lust, dich mit uns *unter* die Sonne zu legen?", fragt Grete grinsend.

„Ja, gerne", strahlt Imad.

Gerade als wir uns umdrehen, um zum Teich zurückzugehen, erscheint Luca wieder auf der Bildfläche und wedelt mit einem Papier.

„Schaut mal, was ich gefunden habe", ruft er begeistert. Aus einem großen weißen Umschlag zieht er eine Klappkarte heraus. Darauf ist ein Teil eines japanischen Gartens zu sehen. Über dem Foto steht: EINLADUNG ZUR AUSSTELLUNGSERÖFFNUNG JAPANISCHE GARTENBAUKUNST, darunter sind einige japanische Schriftzeichen abgebildet.

„Was ist daran so toll?" Imad runzelt die Stirn.

„Na, da fahren wir zusammen hin! Mit dem Zug braucht man nur eine halbe Stunde. Es gibt sogar umsonst etwas zu trinken." Zur Bestätigung deutet er auf den Text unter der fettgedruckten Überschrift.

„Kleiner Haken an der Sache, die Einladung ist nicht für uns", entgegnet Grete trocken und tippt mit ihrem Zeigefinger auf die Karte. Dort, wo ihr Finger landet, steht unübersehbar: *Lieber Gartenfreund Victor Windeck.*

„Wir sagen einfach, dass er verhindert ist – was ja irgendwie stimmt – und wir die Einladung als Dankeschön für unsere Hilfe in seinem japanischen Garten bekommen haben."

Keiner antwortet.

„Kommt schon, Leute. Ein Nein haben wir schon, ein Ja können wir kriegen. Lasst es uns doch wenigstens versuchen." Luca schaut uns erwartungsvoll an.

„Gemeinsam irgendwo hinzufahren, fände ich schon cool", werfe ich in die Runde.

„Wo war die Einladung?", erkundigt sich Imad.

„Neben der Haustür am Vordereingang hängt ein Briefkasten, der überquillt. Die Post lag teilweise schon auf den Stufen davor. Der weiße Briefumschlag ist mir sofort ins Auge gesprungen. Glaubt mir, das war ein Zeichen", beschwört er uns.

„Wenn man nicht eingeladen ist und trotzdem kommt,

findet man das in eurem Land nicht gut", bemerkt Imad.

„Aber wir haben doch eine Einladung, es kommt halt nur jemand anders."

„Lust hätte ich schon. Wann ist es denn?", will Grete wissen.

„Nächsten Samstag, ab 11 Uhr", antwortet Luca und hält ihr zur Bestätigung die Einladung unter die Nase.

„Ich weiß nicht, ob ich mitkommen kann." Imad sieht besorgt aus.

„Hast du kein Geld? Wir könnten zusammenlegen und dir das Zugticket bezahlen", schlage ich vor. Luca und Grete nicken.

„Nein." Imad lacht seltsam auf. „Danke für das Angebot, aber Geld ist nicht das Problem. Ich habe meiner Mutter versprochen, dass ich die Stadt nicht verlasse und immer in ihrer Nähe bleibe."

„Und einmal, nur ausnahmsweise, geht das nicht?" Ich fände es total schade, wenn Imad nicht mitkommt.

Imad schüttelt den Kopf.

Kurz überlegen wir, ob wir dann alle nicht fahren sollen. Doch das will Imad auch nicht. Als wir uns trennen, wirkt er trotzdem traurig auf mich.

Warum nicht
einen Ausflug machen?

Als wir am Samstagmorgen vor dem Ticketautomaten im Bahnhof stehen, ertönt hinter dem Kasten ein fröhliches „Salam!" und im gleichen Moment schaut Imad grinsend um die Ecke. Grete und ich kreischen vor Freude auf.

„Wie schön ist das denn, du fährst mit!", freuen wir uns unüberhörbar für den ganzen Bahnhof.

„Beruhigt euch, wir brauchen nicht die Aufmerksamkeit der halben Stadt", zischt Luca.

„Ich dachte, du darfst nicht?", löchert Grete Imad sofort.

Imad zuckt schweigend mit den Schultern und geht zum Automaten. Er zieht sich ein Bahnticket und dann müssen wir auch los. Die Bahn fährt bereits auf dem Gleis ein. Voller Vorfreude steigen wir ein.

„Lasst uns berühmte Personen raten spielen", schlage ich vor. Grete und Luca finden die Idee gut. Wir erklären Imad die Regeln und legen los. Doch nach einer Runde brechen wir ab. So macht das Spiel keinen Spaß. Luca hat einen angeblich bekannten Fußballer gewählt, den außer ihm keiner kennt, Imad einen Musiker, dessen Name ich noch nicht mal aussprechen kann, und Grete eine Autorin, von der keiner von uns je etwas gehört hat.

Der Weg vom Bahnhof zur Ausstellung ist nicht weit, auch wenn Grete das anders sieht. Wir können zu Fuß gehen. Alle paar Meter hängen Plakate an den Straßenlaternen, die auf die besondere Gartenschau hinweisen und uns den Weg anzeigen. Wir müssen nur eine große Straße in Richtung Innenstadt laufen und zweimal abbiegen. Dann stehen wir vor dem Naturkundemuseum. Auf der Rückseite ist ein Stadtgarten, in dem die Ausstellung stattfindet.

Am Eingang stehen vier mächtige Buddha-Figuren aus Stein, zwei auf jeder Seite. Sie wirken wie Wächter, die alles im Auge haben und Unbefugten das Betreten verbieten. Die kleine Figur, die ich auf dem Friedhof entdeckt hatte, sah deutlich freundlicher aus. Sollten wir doch lieber umdrehen und wieder nach Hause fahren?

„Vielleicht machst du das besser am Eingang", wendet

sich Luca an Grete und reicht ihr die Einladung. „Einem Mädchen mit deinem Lächeln traut man nichts Böses zu."

Ohne zu widersprechen, zupft Grete ihm die Karte aus der Hand, wirft die Haare in den Nacken und geht entschlossen auf das Pförtnerhäuschen im Schatten der Buddha-Figuren zu. Die ersten Worte können wir aus der Entfernung nicht hören. Es dauert es einen Moment, bis wir auf Gretes Höhe angelangt sind.

„Und das sind meine Freunde, die meinem Onkel geholfen haben, als er so schwer krank wurde", bekommen wir als Erstes mit.

„Da hat dein Onkel aber Glück gehabt. Nicht alle in eurem Alter würden ihre freie Zeit mit Gartenarbeit verbringen wollen. Eure Einladung brauche ich nicht. Die war nur für die Eröffnung vor zwei Stunden und den Festvortrag. Jetzt ist die Ausstellung für alle Interessierten geöffnet." Der Mann wünscht uns viel Spaß und dreht sich den nächsten Besuchern zu. Erleichtert betreten wir den Garten. Ein paar Schritte später ertönt eine Stimme in unserem Rücken.

„Hallo?! Kommt bitte noch einmal zurück."

Wir stoppen und schauen uns irritiert an. Grete reagiert am schnellsten. Sie läuft zum Häuschen am Eingang zurück. Wir sehen, dass der Mann ihr etwas in die Hand drückt. Grete nickt und strahlt.

„Entspannt euch. Der Mann ist voll nett. Er hatte nur vergessen, uns das hier zu geben." Sie zeigt uns ein Blatt, als sie wieder bei uns steht. „Das ist ein Gartenrätsel für Kinder. Wer es löst, bekommt einen Winddrachen."

Während wir weiterlaufen und uns einen Überblick über den Garten verschaffen, beschäftigt sich Imad mit dem Rätsel.

Dieser Garten ist zwar viel größer als unserer, aber doch nicht so riesig, wie ich ihn mir vorgestellt hatte. Schon vom Eingang aus kann man in der Ferne das Ende sehen. Dort steht ein Gartenrestaurant im Teehausstil. Davor sind Tische und Stühle aufgestellt, an denen schon einige Besucherinnen sitzen. Die Wege, die links und rechts vom Hauptweg abzweigen, sind verschlungen und immer mal wieder stehen größere Gewächshäuser mitten in der Landschaft.

„Wo sollen wir langlaufen?", frage ich in die Runde.

Imad schaut von seinem Blatt auf und zeigt nach links. „Dort geht es zum See mit Fischen."

Wasser und Fische mögen wir alle vier. Wie auf Kommando drehen wir nach links ab, nur Grete zögert. Als ich mich nach ein paar Schritten umschaue, steht sie noch immer unbeweglich da und starrt in Richtung Teehaus.

Ich winke ihr ungeduldig. „Komm schon oder willst du Wurzeln schlagen?"

Grete läuft hinter mir her. „Karline, du willst das nicht hören, aber ich glaube, ich habe gerade Arve gesehen."

„Ach Quatsch, was sollte denn ausgerechnet Arve hier machen?", erwidere ich genervt.

„Ich glaube, Grete hat recht", mischt sich Luca ein. „Ich hab die Freundin deines Vaters zwar noch nicht oft gesehen, aber jetzt weiß ich, warum mir die Frau in der flatternden schwarzen Bluse so bekannt vorkam."

„Hat sie dich auch gesehen?" Schließlich kennt Arve meine Freundin und auf neugierige Fragen könnte ich gut verzichten.

„Nein, glaub ich nicht. Sie hat sich mit zwei Männern unterhalten."

„Dann lass uns schnell Land gewinnen, bevor sie uns entdeckt."

Wir legen Tempo zu. Parallel zum Weg fließt ein kleiner Bach. Mittlerweile weiß ich, dass in japanischen Gärten das Wasser das Wichtigste ist. Für mich ist es das Schönste an diesen Gärten überhaupt.

Am See bestaunen wir die dicken Fische, die in dem klaren Wasser schwimmen. Es sind Kois, japanische Karpfen, die nicht nur toll aussehen, sondern auch sehr wertvoll sind. In einem Artikel im Internet habe ich gelesen, dass für den wertvollsten Koi der Welt 1,5 Millionen Euro gezahlt wurden. Der Wahnsinn!

Wir spielen, jeder von uns dürfe sich einen Koi aussuchen. Eigentlich bin ich mehr eine Fell- als eine Flossenfreundin, aber diese Fische sind wirklich hübsch. Mir gefällt der mit dem rot-weißen Kuhfellmuster am besten, Luca möchte einfach den größten haben, Grete wählt einen orangefarbenen und Imad entscheidet sich für das einzige schwarze Exemplar. Eine Weile beobachten wir die munteren Fische, wie sie im Zickzack im Teich hin und her schwimmen. Dann zückt Imad das Rätsel, das wir am Eingang bekommen haben.

„Wir sollen schätzen, wie viele Fische in diesem Teich schwimmen", erklärt er.

Doch das ist gar nicht so einfach. Die schwimmenden Wesen bleiben nicht eine Sekunde am selben Fleck. Nach dem dritten missglückten Versuch zieht Grete ihr Handy aus der Jeans und fotografiert den Teich. „So, jetzt können wir in Ruhe zählen", stellt sie zufrieden fest.

Es steht nicht in den Spielregeln, dass das verboten ist, auch wenn es von den Erwachsenen vielleicht anders gedacht war.

Am nächsten Rätselort sollen wir die Maße eines *Tsuboniwa* schätzen. Wir können das Wort zwar nicht richtig aussprechen, lesen aber auf einem Schild, dass es sich um einen typischen Minigarten in Japan handelt, der in der Regel so groß wie zwei japanische Schlafmatten ist.

„Wenn es sich um Schlafmatten handelt, dann könnten die zwei Meter lang sein. So groß sind auf jeden Fall unsere Matratzen im Bett", erklärt Luca leicht wichtigtuerisch.

Grete schaut nachdenklich auf die Grünfläche, dann sinkt sie auf ihre Knie und legt sich direkt neben das begrünte Viereck hin.

„Ich bin 1,50 m groß", kommentiert sie liegend. „Wie viel Platz ist noch bis zu meinem Kopfende?"

„Vielleicht so viel wie für ein DIN A4-Heft", schätze ich.

„Und wie groß ist so ein Heft?", fragt Imad.

Wir müssen passen. Ein Mädchen mit cooler Mütze, das bereits vorher Gretes Liegeprobe beobachtet hat, kommt auf uns zu. „Hey", grüßt sie fröhlich in die Runde. „Soll ich euch helfen?"

„Ja, gerne", antworte ich verdutzt.

„Das Rasenstück ist exakt 190 mal 190 Zentimeter groß", verrät sie uns.

„Woher weißt du das so genau?" Luca mustert sie skeptisch.

Das Mädchen lacht. „Ich bin mit meinem Vater hier. Er ist Polizist und immer bestens ausgerüstet. Sogar ein Maßband hat er dabei, deshalb konnten wir das grüne Stück ausmessen."

„Rille, wo bleibst du?", hören wir in diesem Augenblick

einen Jungen rufen, der über den Rasen energisch auf uns zustapft. Er ist kräftig gebaut und sieht nicht unbedingt so aus, als möchte man mit ihm befreundet sein.

„Da ist Kalle, mein Bruder. Er sieht schlimmer aus, als er ist." Sie grinst mich an, als ob sie meine Gedanken lesen könnte. „Ich muss dann. Viel Erfolg beim Weiterrätseln." Rille winkt kurz und läuft ihrem Bruder entgegen.

Nachdem wir durch einen schattigen Weg mit Bambusstäben gelaufen sind, steuern wir auf eine Fläche zu, auf der drei Bäume in riesigen Kübeln stehen. Die Bäume sind noch nicht sonderlich groß, doch etwas anderes fällt mir sofort ins Auge.

„Schaut mal, die Blätter haben eine Herzform."

„Das ist aber leider nicht die Frage der nächsten Aufgabe." Luca beugt sich über das Rätsel. „Puh, ganz schön viel Text."

„Gib her, ich les vor!" Grete schnappt sich den Zettel. „Also: Vor euch seht ihr drei Vertreter des japanischen Kuchenbaumes. Seine Blätter weisen eine Herzform auf und haben im Sommer einen roten Stiel. Wenn das Laub fällt, ist der einzigartige Duft besonders stark. Aufgabe: Befeuchte ein Blatt mit dem Wasser aus den Eimern unter den Bäumen. Halte es direkt unter deine Nase und schließe die Augen. Nun atme tief ein! Welchen Duft verströmt der Baum?"

Ich trete an den Baum, mache ein Blatt nass und schließe die Augen. Dann führe ich das Blatt langsam in Richtung Gesicht. Doch bevor ich den Geruch einatmen kann, bekomme ich einen Schlag auf die Nase.

„Autsch!" Erschrocken reiße ich die Augen auf. Neben mir steht Imad und drückt mit der linken Hand auf seine rechte. Sein Gesicht ist schmerzverzerrt.

„Was ist los?", frage ich irritiert und schaue Grete an.

„Irgendein Stechvieh saß auf dem Blatt, an dem du riechen wolltest. Imad wollte das Tier verscheuchen und ist selbst gestochen worden."

Imad hält sich weiter die Hand und zieht zischend seinen Atem ein. Als er die linke Hand kurz anhebt, sieht man auf seinem rechten Handrücken eine starke rote Schwellung.

„Mir ist nicht gut." Er lässt sich ins Gras sinken.

Hilflos stehen wir um ihn herum. Die Hand wird immer dicker.

Luca hockt sich zu Imad auf den Rasen. „Du musst den Stich kühlen", erklärt er und zieht den Eimer mit Wasser näher heran.

„Wenn einem schlecht ist, muss man Wasser trinken. Mein Vater holt den Gästen, wenn ihnen bei der Trauerfeier schlecht wird, auch immer etwas zu trinken."

„Das erledige ich", meldet sich Grete und spurtet los.

Imad hat sich mittlerweile gegen einen der Baumkübel gelehnt. Als er den Kopf zur Seite dreht, entdecke ich rote Flecken an seinem Hals, die vorher nicht da waren. Mir wird flau im Magen. Irgendetwas stimmt hier überhaupt nicht. Wo Grete nur bleibt? Die Minuten ziehen sich in die Länge.

„Mein Vater behauptet ja immer, dass man Geduld haben muss, aber in solchen Situationen hilft Geduld überhaupt nicht weiter", stöhne ich. Imad ist ganz still geworden. Er atmet nur etwas schneller.

Wo ist das Glück hin?

Endlich biegt Grete wieder um die Ecke, aber sie ist nicht alleine. Neben ihr läuft Arve, die mit zügigen Schritten auf uns zukommt. Mir fällt auf, dass sie fast immer die gleichen schwarzen Sachen trägt, aber diesmal flattert noch ein grüner Seidenschal um ihren Hals.

Sie grüßt kurz in die Runde und beugt sich sofort zu Imad runter. „Hallo Imad, wir kennen uns noch nicht. Ich bin Arve. Grete hat mir erzählt, was passiert ist. Zeig mir bitte deine Hand."

Imad zieht die Hand aus dem Wasser und hält sie Arve entgegen. Die rote Fläche ist noch größer geworden. Arve schaut sich die Einstichwunde und dann den Hals und Imads Gesicht fachmännisch an.

„Ist dir schlecht?"

Müde nickt er.

„Es nützt nichts, Imad, du musst zum Arzt. Du hast eine allergische Reaktion, soweit ich das beurteilen kann, und brauchst ein Gegenmittel. Außerdem wäre eine Tetanusspritze sinnvoll." Arve spricht ganz ruhig und freundlich mit Imad. Zum ersten Mal in meinem Leben bin ich froh, dass sie da ist.

„Komm, ich bringe dich zu meinem Auto." Sie versucht Imad hochzuziehen.

Doch Imad macht sich stocksteif und lässt sich nicht aufhelfen. „Nein, bitte nicht zum Arzt", sagt er leise, aber bestimmt. „Hier kann ich nicht krank sein. Ich darf nur in unserer Stadt zum Arzt."

„Das regle ich. Mach dir keine Sorgen. Dich kriegen wir wieder gesund, aber wir müssen jetzt los. Helft mir mal, ihn aufzurichten."

Luca springt ihr zur Seite und hakt Imad unter. Gemeinsam ziehen sie ihn hoch. Imad wirkt wackelig auf seinen Beinen. „Ich komme mit", erklärt Luca Arve, die anerkennend nickt.

„Wir sind spätestens in zwei Stunden zurück. Bleibt bitte unbedingt hier im Garten. Als Treffpunkt schlage ich das Teehaus vor." Arve wirft Imad einen besorgten Blick zu, bevor sie sich in Bewegung setzen.

Als die drei aus unserem Blickfeld verschwunden sind,

lasse ich mich ins Gras fallen. „Puh, bin ich erleichtert. Wie gut, dass Arve da war", stelle ich zu meiner eigenen Überraschung fest.

„Nicht wahr?" Grete lächelt mich an. „Ich habe sie zufällig getroffen, als ich Wasser für Imad kaufen wollte. Sie hat sich erkundigt, wie mir die Ausstellung gefällt und da konnte ich nicht anders, ich musste ihr von Imad erzählen. Sie ist einfach mitgekommen, ohne einen blöden Erwachsenenspruch zu machen oder weitere Fragen zu stellen!"

Grete und ich schweigen einen Moment. Ich muss an Imad denken. Er wollte mich beschützen und hat sich dabei selbst verletzt und ich habe mich noch nicht einmal bei ihm bedankt.

„Findest du nicht auch, dass es hier nach Weihnachten riecht?", unterbricht Grete meine Gedanken. Eine seltsame Beobachtung mitten im Sommer, aber jetzt rieche ich es auch. Ich stehe auf. Es muss der Baum sein, der so duftet. Wir halten unsere Nasen nach oben und schnuppern wie Hunde, die eine Fährte aufgenommen haben.

„Ich hab's! Es riecht nach Lebkuchen", verkünde ich stolz.

„Lass uns doch mit dem Rätsel weitermachen", schlägt Grete vor, „dann können wir die Jungs mit dem Winddrachen überraschen, wenn sie zurückkommen."

Finde heraus, nach welcher berühmten Persönlichkeit die eigensinnige wie weise Pokémon-Figur Siebold benannt ist, lautet die nächste Frage. Die Antwort entdecken wir in einem Gewächshaus. Es gab einen berühmten deutschen Arzt, den noch heute jedes Kind in Japan kennt. Der Mann hieß Philipp Franz von Siebold. Unglaublich viele Pflanzen sind nach ihm benannt. Ihm hat die Pokémon-Figur ihren Namen zu verdanken.

Anschließend sollen wir erklären, warum die Fetthenne keine Eier legt. Ganz einfach, denn die Fetthenne ist kein Vogel, sondern eine Pflanze.

Besonders viel Spaß macht uns die Aufgabe, Menschen auf Japanisch zu begrüßen. Erst verbeugen wir uns mit Händen, die wir gerade gegeneinanderpressen, dann begrüßen wir unser Gegenüber mit einem freundlichen „Konnichiwa".

Wie man *Konnichiwa* also *Guten Tag* ausspricht, steht auf dem Zettel. Die meisten Besucher fangen schon an zu lächeln, wenn wir uns vor ihnen verbeugen, aber spätestens bei unserem Japanisch ernten wir ein breites Lachen. Nur eine ältere Dame weist uns streng darauf hin, dass wir das Wort völlig falsch aussprechen.

Zum Schluss sollen wir im Teehaus herausfinden, welche Tee-Sorte es wirklich gibt: *Tee der ewigen Schönheit, Tee des großen Reichtums* oder *Tee der Unsterblichkeit?*

Auch das ist einfach, schließlich haben wir den Tee der Unsterblichkeit bereits getrunken. Das Angebot eine Tasse davon zu probieren, lehnen wir höflich ab.

Mit dem gelösten Rätsel laufen wir zu dem kleinen Kiosk neben dem großen Teehaus. Dort kann man Souvenirs kaufen, aber auch seinen Gewinn einlösen.

Eine freundliche Dame nimmt unseren Zettel entgegen und kontrolliert die Antworten. Mehrmals nickt sie anerkennend. „Das habt ihr fantastisch gemacht. Ich bin beeindruckt", lobt sie uns. „Ihr dürft euch einen der Winddrachen aussuchen und weil ihr zu zweit seid, auch noch eine Papierlaterne. Die zaubert abends wunderschönes Licht." Die Frau deutet auf viele kleine Papierlaternen, die an einer langen Schnur schaukeln.

„Sollen wir eine mit den hübschen Seerosen nehmen oder eine ohne Muster?", fragt mich Grete.

„Die mit den Seerosen ist eindeutig schöner, aber ich glaube, die Jungs würden eher die einfarbige mögen", gebe ich zu bedenken.

„Aber wenn wir beide die Laterne mit den Blumen schöner finden, dann sollten wir für Luca und Imad doch nicht eine hässlichere nehmen", argumentiert Grete. Die Frau schmunzelt und holt uns eine Papierlaterne mit hellrosa Seerosen und hellgrünen Blättern von der Schnur.

Glücklich laufen wir zum Teehaus zurück und setzen uns am Rand der Besucherterrasse auf den Rasen.

Wir müssen nicht lange warten, da sehen wir in der Ferne Imad, Luca und Arve auf uns zulaufen. Sie scheinen bester Laune zu sein. Alle drei strahlen und Imad ist nicht mehr anzumerken, dass ihm so schlecht war.

Er trägt einen weißen Verband um die Hand. Ich finde so einen Verband richtig schick. Wenn man sich dafür nicht einen Knochen brechen müsste, würde ich auch gerne mal einen Gips tragen. Papa schaut mich jedes Mal fassungslos an, wenn ich das sage.

Arve erzählt uns, dass Imad, wie vermutet, allergisch auf den Insektenstich reagiert hat. Er hat eine Spritze bekommen und die Wunde wurde versorgt, sodass es ihm wieder gut geht – was nicht zu übersehen ist.

„Was wird deine Mutter sagen, wenn sie deine Hand sieht?", fragt Grete besorgt.

„Der Dumme hat mehr vom Leben, wird sie sagen, wenn ich ihr erzähle, wie es passiert ist."

Arve lacht. „Ein kluger Spruch."

„Es ist ein iranisches Sprichwort", erklärt Imad.

Ich verstehe den Spruch nicht, ist aber auch egal. Hauptsache, wir sind alle wieder zusammen und Imad geht es gut.

Arve verabschiedet sich und wünscht uns eine gute Heimfahrt. Imad bedankt sich mehrmals bei ihr und auch ich habe das Bedürfnis ihr zu sagen, wie froh ich bin, dass sie sich um Imad gekümmert hat.

„Wenn du möchtest, bleibt der Ausflug unter uns", bietet sie mir an.

„Wäre vielleicht besser", antworte ich dankbar.

Als Arve aus unserem Blickfeld verschwunden ist, beginnt Luca zu schwärmen. „Arve ist echt super! Die hätte ich gerne als Mutter."

„Karline würde sie dir sicher gerne überlassen", neckt mich Grete.

„Was ist denn bitte so toll an ihr?" Ich verdrehe die Augen.

„Die ist total cool, regt sich nicht auf. Sie ist irgendwie anders. Wusstest du, dass sie als Kind in Japan gelebt hat?"

„Ja, weiß ich." Langsam nervt es mich. „Aber was ist daran so besonders? Sie kann doch nichts dafür. Kommen wir lieber zu wichtigen Dingen. Guckt mal, was wir in der Zeit gewonnen haben." Stolz strecke ich Luca und Imad den Lenkdrachen und das Windlicht entgegen.

Wie soll ich es ihm sagen?

Immer wieder geht mir durch den Kopf, wie Imad mich gerettet hat. Der Augenblick, in dem ich den Schlag auf der Nase spürte, erschreckt die Augen aufriss und in Imads schmerzverzerrtes Gesicht blickte.

Mein Kopf weigert sich, die Seiten im Buch zu lesen, die Herr Blech, unser Englischlehrer gerade an die Tafel geschrieben hat. Schon bei der zweiten Zeile wandern meine Gedanken wieder zu Imad. Ich habe mich noch immer nicht richtig bei ihm bedankt. Das muss ich unbedingt nachholen und ein Geschenk brauche ich auch. Ständig darüber nachzudenken hilft nicht, heute Nachmittag fahre ich zu ihm.

Als ich vor der Unterkunft vom Rad steige, habe ich auf einen Schlag die ungeteilte Aufmerksamkeit von allen, die sich draußen vor dem Container die Zeit vertreiben. Ein paar Erwachsene und fünf Kinder starren mich an, als ob ich ein pinkfarbenes Einhorn wäre. Vielleicht bekommen die Menschen hier nicht so oft Besuch. Richtig gut fühlt es sich nicht an, wie mich alle mustern. Doch da muss ich durch. Die neugierigen Blicke verfolgen mich bis zur Eingangstür. Ich weiß zwar, dass Imad hier wohnt, aber nicht, wo sein Zimmer ist.

Eine dunkelhäutige Frau, die mit ihrem süßen Baby auf einem Klappstuhl sitzt, frage ich nach Imad. Sie lacht mich freundlich an, beginnt zu sprechen und zuckt mit den Schultern. Die Wortfetzen lassen mich ahnen, dass sie Englisch spricht. Die Sätze, die ich bei Herrn Blech im Unterricht gelernt habe, helfen mir aber leider nicht weiter. Suchend schaue ich mich um.

Plötzlich baut sich ein kleines Mädchen vor mir auf: „Ich weiß, wo Imad wohnt", verkündet es. „Komm mit!" Es nimmt wie selbstverständlich meine Hand und zieht mich ins Haus. Ich spüre in meinem Rücken, wie mich die neugierigen Blicke verfolgen.

Stimmengewirr und Essensdüfte schlagen mir entgegen, als wir den Flur betreten. Es ist laut und eng im Gang. Vor fast allen Türen stehen mehrere Schuhpaare. Jetzt verstehe ich, warum so viele draußen sitzen. Meine Idee, hier mit Grete wohnen zu wollen, finde ich doch nicht mehr so

toll. Eine Tür steht offen. Neugierig werfe ich einen Blick hinein. Der langgestreckte, gekachelte Raum besteht aus Kabinen mit Toiletten, die mich an unsere Schul-WCs erinnern. Wir Mädchen versuchen es immer möglichst lange hinauszuzögern, um dort nicht hin zu müssen.

Meine kleine Begleiterin klopft an die übernächste Tür und tritt zur Seite. Die Tür öffnet sich einen Spalt breit und das dunkle Augenpaar eines Jungen mustert mich von oben bis unten.

„Ist Imad da?", frage ich vorsichtig.

Der Junge dreht seinen Kopf nach hinten und sagt etwas in einer fremden Sprache, von dem ich nur das erste Wort verstehe, denn das lautet: „Imad!"

Noch während der Junge redet, wird die Tür aufgerissen und Imad steht vor mir.

„Was machst du denn hier?", fragt er entgeistert. Doch dann lächelt er. „Willst du reinkommen? Du musst aber die Schuhe ausziehen."

Im Zimmer stehen drei Betten, auf der linken Seite ein einzelnes und gegenüber ein Etagenbett. Vor dem Fenster steht ein Tisch mit drei Stühlen. Zwei schmale Kleiderspinde aus Blech dienen als Sichtschutz vor dem Waschbecken. Die Wände sind fast nackt. Keine Bilder, keine Fotos, nur ein kleiner gemusterter Teppich hängt über dem Einzelbett. Im Raum gibt es auch keinen Fernseher, keine Sessel, keine Regale, ja eigentlich gar nichts Gemütliches.

„Setz dich. Möchtest du eine Tasse Tee?", reißt mich Imad aus meiner Zimmerstudie.

„Nein danke. Ist nicht nötig", stottere ich.

„Das ist Amon, mein kleiner Bruder. Amon geht jetzt zu seinem Freund."

Amon schaut Imad irritiert an, doch der große Bruder legt ihm wortlos seine Hände auf die Schultern und schiebt ihn zur Tür.

Der kleine Amon redet mit Händen und Füßen auf seinen Bruder ein. Ich verstehe wieder kein Wort. Doch als Imad antwortet, sehe ich, wie sich ein breites Grinsen auf dem Gesicht des kleinen Bruders ausbreitet und er von selbst die Tür öffnet. Bevor er die Tür hinter sich schließt, zwinkert er mir verschwörerisch zu. Zu gerne hätte ich gewusst, was die beiden besprochen haben.

Als Imad mit mir alleine ist, fühlt es sich komisch an. Zum Glück habe ich einen Grund, warum ich hier bin und damit lege ich los. „Ich wollte mich nur noch mal richtig bei dir bedanken. Du hast mich vor dem Insektenangriff gerettet."

„Ist normal", entgegnet Imad.

„Finde ich nicht und deswegen habe ich dir etwas mitgebracht." Ich strecke ihm ein eingerolltes Bild entgegen. Es ist eines der Fotos vom Garten, das mir Tom ausgedruckt hatte. Imad rollt es auf und strahlt. „So schön. Unser Garten! Vielen Dank, Karline, das hänge ich auf." Er schwingt sich auf das obere Bett und drückt das Foto gegen die Wand. „Hier sieht es super aus. Findest du auch? Ich brauche nur noch etwas zum Festmachen."

Ich nicke. Imad freut sich wirklich und das macht mich glücklich.

„Wir haben so Klebedinger, die man an der Wand festmachen kann, ohne dass Reste an der Tapete zurückbleiben. Die kann ich dir das nächste Mal in den Garten mitbringen. "

„Ja, danke, das wäre gut!"

Krampfhaft suche ich nach einem Thema, über das wir reden könnten. Im Garten ist es viel einfacher. Da gibt es immer etwas zu tun. Damit das Ganze nicht zu einer peinlichen Veranstaltung ausartet, verabschiede ich mich lieber. „Ich muss leider schon wieder los."

„Oh, schade. Sehen wir uns Mittwoch?", fragt Imad mit seiner sanften Stimme.

„Ja klar!" Ohne Grund werde ich rot, auf jeden Fall spüre ich, wie die Wärme langsam in meinem Gesicht aufsteigt. Ich drehe mich schnell zur Tür, damit Imad es nicht sieht.

„War nett, dass du da warst, und danke für das Bild", ruft Imad, bevor ich die Tür hinter mir schließe.

Auf dem Vorplatz atme ich einmal tief durch. Ich bin froh, dass ich mich getraut habe, Imad alleine zu besuchen. Als ich mit dem Rad vom Hof rolle, sehe ich Amon mit einem Jungen an der Schaukel stehen. Er macht eine coole Handbewegung in meine Richtung. Ich schätze, das soll seine Verabschiedung sein. Lässig winke ich zurück.

Was geschieht jetzt mit dem Garten?

In den nächsten Wochen treffen wir uns Montag- und Mittwochnachmittag im Garten und einmal am Wochenende. Imads Stich ist verheilt und nicht mehr zu sehen. Bei der Pflege des Gartens sind wir ein eingespieltes Team geworden, auch wenn Imad am meisten von uns arbeitet.

Ich bin zu einem richtigen Profi in Sachen Buchsbaumschneiden geworden. Grete liebt das Unkrautzupfen. Sie ist mit dieser Liebe alleine und darf sich deswegen im ganzen Garten austoben. Imad und Luca teilen sich das Rasenmähen und Harken auf. Einen Rasenmäher und andere hilfreiche Geräte hatte Victor für Imad in einem Schuppen neben der Villa gelagert. Beim Gießen packen wir alle mit an. Es ist gleichzeitig spannend und schön zu sehen, wie das, was wir pflegen, wächst und gedeiht.

Gerne würde ich etwas anpflanzen, was einzigartig ist. Ich habe auch schon eine Idee: Pippi Langstrumpf hatte einen Limonadenbaum und ich wünsche mir eine Lutscherhecke! Leider kann mir niemand sagen, wie man so etwas züchtet.

Bei einer unserer Teepausen erzählt Luca, dass seine Mutter ihn gelobt hat. Sie meinte, er sei in letzter Zeit viel ausgeglichener und freundlicher.

„Und ich schlafe in letzter Zeit richtig gut", fällt mir auf. „Vorher bin ich nachts immer aufgewacht und konnte dann nicht mehr einschlafen. Der Kinderarzt meinte sogar, ich hätte eine *gestörte Schlafarchitektur*."

„Vielleicht liegt es am Garten", überlegt Grete laut. „Meine Mutter behauptet, ich sähe gesünder aus und würde mich viel sportlicher bewegen."

„Ich habe nicht mehr so oft Heimweh", vertraut Imad uns an.

Japanische Gärten sollen dafür sorgen, dass es allen gut geht, den Menschen und allem, was um sie herum ist. Das stand in dem Programmheft der Ausstellung. Bei uns stimmt das auf jeden Fall!

„Der Garten ist das Beste überhaupt." Verzückt streiche ich mit der Hand über meine neueste Buchsbaumkugel.

„Hundertpro, aber irgendwann kommt jemand und

nimmt uns den Garten weg", sagt Luca und wirft mir einen düsteren Blick zu. Mit einem Mal ist die schöne Stimmung dahin.

„Vielleicht kann ich ihn kaufen", schlägt Imad vor.

Luca, Grete und ich schauen ihn verblüfft an. Macht Imad einen Witz? Er wohnt mit seiner Mutter in anderthalb Zimmern in einer Flüchtlingsunterkunft vor der Stadt. Er teilt sich Küche und Dusche mit vielen anderen Menschen, seine Mutter hat kein Auto und er hat ein altes Handy. Es sieht nicht so aus, als ob er reich wäre.

Als Imad unsere ungläubigen Blicke sieht, verengen sich seine Augen und er schaut uns wütend an. „Wir waren im Iran reich. Meine Mutter stammt aus einer Tee-Dynastie. Meine Großeltern schicken Geld, sobald es geht", stellt er klar.

„Aber das Geld braucht ihr doch für eure Familie und nicht, um einen Garten zu kaufen, oder?", fragt Grete zaghaft nach.

„Ja, das stimmt." Imad lehnt sich frustriert zurück.

„Wir müssen herausfinden, wem das Gelände gehört und was hier geplant ist", grübelt Luca laut.

„Kann uns nicht dein Onkel Tom helfen? Der kennt doch jeden Grashalm in der Stadt", schlägt Grete vor.

„Und was soll ich ihn fragen?"

„Weiß ich auch nicht, aber in seinem Café sieht man

sogar den Bürgermeister regelmäßig, hat mein Vater erzählt. Irgendjemand wird doch was wissen."

„Gut, treffen wir uns morgen bei Tom." Ich freue mich schon, dass ich dann auch endlich Kern wiedersehe.

Als Luca, Grete und ich um die Ecke der Villa biegen, um unsere Fahrräder zu holen, steht ein Mann vor der Eingangstür. Irgendwie kommt er mir bekannt vor. Als er sich zu uns umdreht, weiß ich auch woher. Es ist Herr Behrens, Antons Vater, der ab und zu bei Tom im Café sitzt. Heute trägt er einen Anzug und sieht wichtig aus. Über seiner Schulter hängt eine Aktentasche.

Nachdem er sich von unserem plötzlichen Auftauchen

erholt hat, lacht er freundlich. „Hallo Karline, was machst du denn hier?" Dann wendet er sich an Grete. „Bist du nicht auch in Antons Klasse?"

Meine Freundin nickt. „Ich bin Grete."

„Und verratet ihr mir, was ihr hier zu tun habt?", wiederholt er seine Frage.

„Sagen Sie uns dann auch, was *Sie* hier zu tun haben?", flötet Grete engelsgleich zurück.

Antons Vater schaut Grete überrascht an. Er versucht es zu unterdrücken, aber ich sehe sein Schmunzeln. „Ganz schön schlagfertig, junge Frau. Abgemacht. Tauschen wir Informationen, aber ihr beginnt."

„Wir müssen für die Schule einen Aufsatz über einen spannenden Ort in unserer Stadt schreiben und wir haben uns für das alte Fabrikgelände entschieden", flunkert Grete munter drauflos. Schule und Hausaufgaben ziehen fast immer bei Erwachsenen.

Antons Vater schaut uns verwundert an. „Von dieser Aufgabe hat mir Anton gar nichts erzählt."

„Das machen nicht alle aus der Klasse. Wir haben uns freiwillig gemeldet, um unsere Note zu verbessern", sagt Grete schnell. „Verraten Sie uns jetzt, warum Sie hier sind?"

„Sicher. Das war schließlich abgemacht. Vielleicht hilft es euch sogar bei eurer Hausarbeit. Ich kümmere mich um das Industriegelände. Der Besitzer ist gestorben. Es scheint kein Testament zu geben. Mein Job ist es, nach dem Erben zu suchen."

„Was passiert denn, wenn Sie ihn nicht finden oder es ihn nicht mehr gibt?", erkundige ich mich in möglichst beiläufigem Ton.

„Dann fällt das ganze Gebiet der Stadt zu."

„Auch die Villa?", hakt Luca nach.

„Auch die Villa." Antons Vater nickt. „Wenn wir den Erben nicht bis zum Ende des Monats gefunden haben, dann fließt das Vermögen des Verstorbenen in die städtischen Kassen."

„Und was wird dann aus dem Gelände?" Lucas Frage interessiert uns alle am meisten.

„Auf einem Teil des Gebietes soll ein Autohof für den neuen Autobahnzubringer entstehen, eine richtig schicke Tank- und Rastanlage. Ein Betreiber einer großen Fast-Food-Kette hat auch schon Interesse bekundet. Dann könnt ihr hier bald lecker Pommes essen."

Wie der Mann sich irren kann. Keiner von uns braucht fettige Pommes oder eine Tankstelle. Wir wollen unseren Garten behalten und sonst nichts.

Höflich bedanken wir uns und machen uns auf den Heimweg.

„Wir haben also noch drei Wochen Zeit, um den Garten

zu retten", stellt Luca sachlich fest, bevor wir uns auf die Sättel schwingen.

Doch wie stellen wir das an, überlege ich, während ich in die Pedalen trete. Was wir brauchen, ist ein Testament. Und zwar eines, in dem wir genannt werden. Doch wo bekommen wir so etwas her? Als wir uns voneinander verabschieden, verabreden wir, morgen Nachmittag einen richtig guten Plan zur Rettung des Gartens auszuhecken. Treffpunkt: Toms Hütte.

Wie sieht die Rettung aus?

Als ich pünktlich am Café eintreffe, stehen Gretes und Lucas Räder schon da. Doch zuerst muss ich Kern begrüßen. Er führt vor Freude einen königlichen Pudeltanz auf. Wir knuddeln ausgiebig. Ich liebe Kerns kalte Hundenase.

„Kann ich Kern mit reinnehmen?", rufe ich in die geöffnete Café-Tür.

„Ja, ist in Ordnung", schallt es aus dem Innenraum zurück. „Deine Freunde warten schon. Wie immer eine heiße weiße Schokolade, Lieblingsnichte?"

„Nein, danke", lehne ich das Angebot ab, als ich das Café betrete.

„Nein?" Fassungslos schaut mich Tom an.

Ich mag weiße Schokolade sehr, aber heute eben nicht. So geht es mir auch mit anderen Dingen, die ich lange

Zeit sehr mochte, aber plötzlich, aus unerfindlichen Gründen eklig finde und überhaupt nicht mehr mag.

„Probleme?", fragt Tom verständnisvoll nach.

„Vielleicht", antworte ich ausweichend und geselle mich zu anderen. Ich spüre in meinem Rücken, wie mich Toms besorgter Blick verfolgt.

„Wo ist Imad?", frage ich Luca, während ich meinen Stuhl ranziehe.

Luca zuckt mit den Achseln. „Keine Ahnung. Er war doch gestern dabei, als wir das Treffen ausgemacht haben."

„Lasst uns trotzdem anfangen", schlägt Grete vor.

„Okay, fassen wir die Situation noch mal zusammen", beginnt Luca. „Der Garten gehörte Victor Windeck. Seit er tot ist, gehört er niemandem mehr, höchstens uns, aber nun ist die Suche nach einem neuen Besitzer in vollem Gang, was bedeutet, dass entweder die Stadt den Garten bekommt und für eine Tankstelle platt macht oder ein Erbe gefunden wird, der dann mit der Villa und dem Garten machen darf, was er will."

„Es gibt noch eine dritte Möglichkeit." Ich mache eine bedeutungsvolle Pause. Grete und Luca beugen sich neugierig zu mir.

„Was kann ich den drei Fragezeichen zu trinken bringen? Die weiße Schokolade mit Marshmallows wurde ja abgelehnt", platzt Tom dazwischen.

Wir entscheiden uns für Bärenbowle. Eine von Toms witzigen Getränkeideen. Die einzigartige Mischung besteht aus aufgelösten roten Gummibärchen, kaltem Früchtetee mit Kirschgeschmack und frisch ausgepresstem Orangensaft. Oben lässt er zwei oder drei verschiedenfarbige Gummibärchen um einen Eiswürfel schwimmen. Papa ärgert seinen kleinen Bruder Tom gerne damit, dass man seine Liebe fürs Trinken und Essen an seinem Bauchansatz ablesen könnte.

Gerade, als wir unseren Plan weiter austüfteln wollen, werden wir erneut unterbrochen. Imad taucht auf, verschwitzt und außer Atem. „Habe die Hütte nicht gefunden. Warum heißt es Hütte? Es ist ein Café", stellt er irritiert fest.

Sofort erscheint Tom wieder an unserem Tisch und bringt Imad ein Glas Wasser. Imad schaut meinen Onkel fragend an.

„Geschenk des Hauses", lächelt Tom ihn an.

Imad beugt leicht den Kopf und bedankt sich. Mein Vater fände es spitzenmäßig, wenn ich immer so höflich wäre.

„Karline wollte uns gerade erklären, dass es eine Möglichkeit gibt, dass weder die Stadt noch irgendein Erbe unseren Garten bekommt", bringt Luca Imad auf den neusten Stand.

„Bin gespannt", erwidert Imad.

Ich erzähle meinen Freunden, was ich gestern Abend beim Essen von Papa erfahren habe. Er ist schließlich Bestatter und kennt sich mit allem aus, was mit dem Sterben zu tun hat. Daher konnte ich ihn mit sämtlichen Fragen zum Thema Testament löchern. Er hat mir erklärt, dass man im Testament aufschreibt, wer die Sachen, die einem gehören, nach dem Tod bekommen soll. Der Mensch, der später erben soll, muss gar kein Verwandter oder enger Freund sein. Manche wollen ihrem Hund alles vermachen oder dem Fußballverein oder einer netten Nachbarin. Manchmal steht sogar nur *für die Armen* im Testament.

„Alles interessant, aber wie hilft uns das weiter?" Luca wirft mir einen skeptischen Blick zu.

„Ist doch klar. Wir brauchen nur ein Testament, in dem wir als Erben genannt werden." Erwartungsvoll schaue ich in die Runde.

„Und wie kommen wir an so ein Testament? Victor ist tot und kann nichts mehr schreiben", wirft Luca ein.

„Wir schreiben selber eins." Wenigstens Grete hat es verstanden. Ich nicke meiner Freundin dankbar zu.

„Wir können unsere Namen nicht reinschreiben. Wer gibt Kindern einen so wertvollen Garten?" Imad dreht das Wasserglas in seinen Händen.

Stimmt. Schweigen breitet sich am kleinen Bistrotisch aus. Ich starre auf den roten Grund meiner Bowle, als fände sich dort die Lösung. Grete rührt mit ihrem Cocktailstäbchen gedankenverloren die Fruchtgummis im Kreis. Den armen Bärchen muss längst schwindelig sein. Dann hebt sie plötzlich ihren Kopf und strahlt uns triumphierend an. „Ich hab's! Wir schreiben gar keinen Namen auf, sondern machen es wie bei einer Schatzsuche. Wer den Schatz findet, der darf ihn behalten."

„Verstehe ich nicht." Luca schaut mich fragend an.

„Ist ganz einfach. Pass auf: Wir verstecken ein Testament im Garten und tun so, als hätten wir es zufällig gefunden. Auf der Karte, äh, ich meine auf dem Testament steht: Wer dieses Papier findet, der darf meinen Garten für immer behalten. Dann noch die Unterschrift von Herrn Windeck drunter und zack, kriegen wir den Garten!"

Ich bin beeindruckt. Die Idee von Grete ist *elefantös*, wie Tom sagen würde.

„Aber wer findet das Testament im Garten? Wir sind doch nur heimlich dort", meint Luca.

„Na, ist doch klar. Imad natürlich, denn er hat von dem Besitzer die Aufgabe bekommen, alles in Ordnung zu halten."

Imad schüttelt langsam, aber bestimmt den Kopf. „Geht nicht, Grete. Ich kann nicht das Papier finden und den Garten behalten. Niemand glaubt mir. Ich bin ein Fremder."

„Wie helfen dir und erzählen, wie nett und hilfsbereit du bist", erwidert Grete.

„Nein, das ist nicht gut. Es ist nicht richtig, so etwas zu machen", erklärt er entschieden.

„Immer gut zu sein, ist schwerer, als ständig freihändig Fahrrad zu fahren", halte ich dagegen.

„Wenn Imad nicht will, machen wir es alleine", erklärt Luca. „Es wird uns schon was einfallen, warum wir in dem Garten waren und zufällig den letzten Willen von diesem Mann gefunden haben. Karline und Grete könnten Antons Vater das Papier bringen und dann hört die Stadt erst mal auf, einen Erben zu suchen."

„Einen Versuch ist es doch wert", bekräftigt Grete und sieht Imad an.

Doch der verschränkt die Arme vor der Brust und schüttelt erneut den Kopf.

„Ärger im Paradies?", erkundigt sich Tom, als er auf dem Weg zu den nächsten Gästen bei uns vorbeiläuft. Alle schweigen.

„Wir sollten Imad besser aus der Sache rauslassen", schlage ich vor. „Für ihn ist es zu gefährlich. Geflüchtete dürfen hier nichts anstellen. Stellt euch vor, er müsste wieder zurück in den Iran!"

Grete macht ein erschrockenes Gesicht und auch Luca schüttelt den Kopf. „Du hast recht, das dürfen wir nicht riskieren!"

Imad entspannt sich sichtbar. „Ihr und Victor seid das Beste hier in Deutschland, aber meine Mutter soll sich nicht auch noch Sorgen um mich machen. Ich will keinen Ärger haben."

Eine Stunde und drei Getränke später steht der Plan. Grete und ich werden ein Testament an Toms Computer schreiben. Luca wird zu Antons Vater ins Rathaus gehen und behaupten, dass die Gärtnerei seiner Mutter noch einen Auftrag an den Außenanlagen der Villa erledigen musste. Bei der Erledigung der Gartenarbeiten, bei dem wir ihm geholfen haben, sind wir auf das geheimnisvolle Papier gestoßen. Wo wir es platzieren werden, entscheiden wir bei unserem nächsten Gartenbesuch.

In meinem ganzen Körper kribbelt es. In den nächsten Tagen werde ich vor Aufregung in der Schule nicht gut aufpassen und kaum an etwas anderes denken können, doch das ist die Sache wert. Wer weiß, was mit dem schönsten Platz auf der Welt passiert, wenn wir nichts unternehmen.

Während Luca, Grete und ich unseren tollen Plan feiern, ist Imad noch stiller als sonst.

„Wer hat Lust, mit zu Arve zu kommen?", fragt er unvermittelt.

„Wir können doch nicht einfach so zu Arve gehen."

„Warum nicht? Sie hat uns nach dem Arztbesuch eingeladen", erklärt Imad.

„Stimmt", bestätigt Luca. „Sie meinte, dass wir alle jederzeit herzlich willkommen sind."

„Es ist toll bei ihr. Niemand sonst wohnt in einem so coolen Haus", schwärmt Grete.

Meinen Freunden die Idee auszureden, hat wenig Aussicht auf Erfolg. Zehn Minuten später verabschieden wir uns von Kern und Tom und machen uns gemeinsam auf den Weg.

Was hat Imad vor?

Die dünnen Metallstäbchen des Glockenspiels an Arves Tür klingen hell und fröhlich, wenn sie gegeneinanderstoßen. Ich liebe diesen Klang, vielleicht, weil er mich an das Windspiel im Garten erinnert. Es dauert wieder keine Minute, da steht Arve in der Tür und strahlt uns an.

„Ihr seid wirklich gekommen. Wie schön ist das denn?! Kommt herein."

„Stören wir auch nicht?", frage ich. „Vielleicht musst du arbeiten."

„Die Arbeit kann warten. Es gibt Wichtigeres", sagt Arve, während sie eine einladende Handbewegung macht.

Bevor Imad den Flur betritt, bückt er sich und zieht die Schuhe aus. Er findet es total unhöflich, wenn man eine Wohnung mit Straßenschuhen betritt. Durch unsere Teehausstunden haben wir uns daran gewöhnt und wie die Dominosteinchen bücken wir uns alle nacheinander und schälen uns aus unseren Schuhen.

„Wie geht es deiner Hand?", erkundigt sich Arve bei Imad.

„Gut, noch mal vielen Dank für die Hilfe", antwortet Imad lächelnd.

Arve führt uns ins Wohnzimmer. Staunend bleiben Luca und Imad vor der Schaukel stehen.

„Haben das viele Deutsche im Haus?" Imad macht ein verwundertes Gesicht.

„Nein, nur die Arves." Grete ist ganz aufgekratzt.

Eigentlich kennen alle Arve nur durch mich und irgendwie habe ich gerade das dringende Bedürfnis, sie noch mal daran zu erinnern. „Arve, darf ich meinen Freunden mein Lieblingszimmer zeigen?"

„Gerne." Sie nickt mir zu. „Ich koche gerade eine Miso-Suppe. Ich hoffe, ihr mögt sie gleich einmal probieren."

Gemeinsam stürmen wir die schmale Treppe hoch. Als ich mit Schwung die Tür zur Miniturnhalle öffne, bleiben Luca und Grete mit offenem Mund stehen.

„Ein bisschen verrückt ist sie schon." Dies ist mehr eine Feststellung als eine Frage von Luca.

„Sie hat viel Platz." Imad sieht sich um. „Und was macht man hier drin?"

„Tanzen oder turnen“, erkläre ich.

Grete dreht eine Pirouette vor dem Spiegel. „Meine Mutter macht in so einem ähnlichen Raum Yoga.“

„Wenn hier kein Ball ist, kann man den Raum vergessen“, mault Luca.

Ich zeige auf den alten Medizinball in der Ecke.

„Nicht dein Ernst. Das ist doch kein richtiger Ball. Ich meine einen Fußball.“

„Los, Luca.“ Grete zieht ihn am Handgelenk in den Raum. „Zeig mir doch mal, wie richtige Liegestütze gehen.“

Ich zupfe Imad am T-Shirt. „Du wolltest doch wissen, woher ich den Flaschengarten kenne. Komm mit.“ Damit drehe ich der Turnstätte den Rücken zu und gehe in den Flur. Imad folgt mir.

Als ich Arves Schlafzimmertür öffne, bleibt er im Türrahmen stehen und wirft mir einen skeptischen Blick zu. „Dürfen wir hier rein?“

So ganz sicher bin ich mir nicht, doch wie soll ich sonst an den Flaschengarten kommen? Ich schnappe mir die Vase neben dem Fenster und laufe sofort zu Imad zurück. Der starrt fasziniert auf das schmale Regalbrett neben Arves Bett. Auf dem Holzsims stehen eine kleine Leselampe, ein altmodischer Reisewecker in einem Ledergehäuse und ein Schwarz-Weiß-Foto. Auf dem Bild sind ein kleiner Junge und ein kleines Mädchen im Kimono zu sehen. Der Junge sitzt auf den Stufen vor einer Veranda, das Mädchen steht neben ihm und hält sich an seiner Schulter fest. Die beiden sind so klein, dass sie bestimmt noch in den Kindergarten gehen.

Als ob Imad die Fragezeichen in meinem Kopf sehen könnte, sagt er: „Schönes Bild. Weißt du, wer das ist?"

„Nein, keine Ahnung, aber Arve ist es bestimmt nicht. Als sie klein war, gab es schon Fotos in Farbe." Ich finde es doof, dass er das Foto offensichtlich interessanter findet als den Flaschengarten. „Die beiden Kleinen sind echt süß, aber ich wollte dir das hier zeigen und das ist doch viel cooler als zwei Kinder im Morgenmantel."

Damit strecke ich ihm den Flaschengarten entgegen.

Imads Blick löst sich endlich von dem Foto und erstaunt betrachtet er nun den großen Flaschengarten. Seine Augen nehmen jede Kleinigkeit auf.

„Kann ich nicht glauben!", gibt er überrascht von sich. „Weißt du, wo sie ihn herhat?"

„Nein. Sie meinte, sie habe ihn geschenkt bekommen und dass eine lange Geschichte dazugehört."

Das Glas wird mir langsam zu schwer. Ich trage es an seinen Platz zurück. Als ich zurückkomme, ist Imad verschwunden. In der kleinen Turnhalle übt Luca mit Grete Liegestütze. Gretes Oberkörper hängt durch und sie stöhnt theatralisch.

„Du musst den Bauch einziehen, den Po zusammenkneifen und den Rücken gerade halten", korrigiert sie ihr Fitnesstrainer Luca. Beide haben offensichtlich Spaß.

Als ihre Arme nicht mehr mitmachen wollen, spielen wir eine Runde Kegeln. Grete und ich sind die Kegel und Luca versucht uns mit dem alten Medizinball umzuwerfen. Er rollt ihn auf dem Boden auf uns zu, doch das große Ball-Ei nimmt nie den Weg, den Luca will. Wir werfen uns vor Lachen freiwillig auf den Boden, bevor uns das braune Leder überhaupt berührt hat.

„Was macht Imad?", fragt Grete und springt über den Medizinball.

„Ich glaube, er wollte zu Arve."

Luca rollt den Medizinball an die Seite. „Ich gehe auch mal nach unten."

Ohne ihn macht das Kegeln keinen Spaß, also folgen

wir ihm. Arve und Imad sitzen im Wohnzimmer auf dem Boden und unterhalten sich. Als wir den Raum betreten, verstummen sie. Ich wüsste zu gerne, worüber die beiden geredet haben, kann aber ja schlecht danach fragen.

„Setzt euch doch", fordert uns Arve freundlich auf. Sie nimmt einen Topf von der Warmhalteplatte und füllt drei leere Keramikschalen mit einer heißen Flüssigkeit.

Vorsichtig nippe ich an meiner Tasse. Ich mag Suppen gerne, am liebsten Buchstabensuppe, aber warum müssen sie immer so heiß sein? Grete neben mir zieht scharf die Luft ein. Ihr erster Schluck war offensichtlich ebenfalls wärmer, als ihre Zunge es mochte. Den zweiten Schluck nehmen wir vorsichtig schlürfend.

„Ihr macht das genau richtig", lobt uns Arve. „Das Schlürfen gehört in der japanischen Küche zum guten Benehmen. Es gilt sogar als höflich. Schlürfen verbessert den Geschmack und kühlt das kochend heiße Essen auf eine bekömmliche Temperatur."

Die Japaner werden mir immer sympathischer. Wenn ich älter bin, will ich auch mal nach Japan.

„Um das Gemüse und die Nudeln aus den Schalen herauszubekommen, könnt ihr die Stäbchen benutzen." Arve deutet auf mehrere dünne Holzstäbe, die auf einem Tablett liegen.

Luca schnappt sich ein Paar und versucht damit die

kleinen Nudeln in seinen Mund zu befördern. Ein schwieriges Unterfangen. Mindestens die Hälfte fällt unterwegs wieder runter. Luca flucht. „Wie sind die Leute ausgerechnet darauf gekommen, Nudeln mit zwei dünnen Stäbchen zu essen?!"

Wir müssen alle lachen.

Während wir weiter unsere Suppe schlürfen, mustert Arve uns nachdenklich. „Ihr seid eine ungewöhnliche Freundesgruppe, so unterschiedlich", stellt sie fest. „Wie habt ihr euch kennengelernt?"

Unsere Blicke fliegen von einem zum anderen. Keiner sagt etwas. Schließlich gebe ich mir einen Ruck und erkläre, dass wir alle Spaß am Gärtnern haben. Luca erzählt, dass er seiner Mutter in der Friedhofsgärtnerei hilft und ich ihn oft bei der Arbeit auf dem Friedhof unterstütze. Imad ergänzt, dass er sich etwas Geld mit Gartenpflege bei einem älteren Herrn verdient hat. Als Arves fragender Blick an Grete hängen bleibt, antwortet die, dass sie alles macht, was ich mache, schließlich seien wir Freundinnen.

„Das erklärt zwar noch nicht, wie ihr euch kennengelernt habt, doch anscheinend wollt ihr es nicht verraten, was für mich völlig in Ordnung ist. Darf ich denn wissen, warum ihr euch besonders für japanische Gärten interessiert?"

„Weil sie so schön sind", schwärmt Grete.

„Weil sie Seen, kleine Flüsse und Wasserfälle haben!" Das finde ich besonders toll.

„Weil ein Teehaus dazugehört", fällt Luca ein.

„Weil sie so ruhig sind", schließt Imad unsere Aufzählung ab.

Arve nickt. „Mit alldem habt ihr vollkommen recht. Und ihr macht mich neugierig, woher kennt ihr japanische Gärten? Hier in unserer Stadt gibt es doch gar keinen, oder?"

Krampfhaft überlege ich, ob Arve etwas weiß. Noch immer traue ich ihr nicht ganz über den Weg, auch wenn sie bei der Ausstellung eine große Hilfe war und heute wieder so nett ist.

„Wie spät ist es?", erkundigt sich Grete, ohne auf Arves Frage zu reagieren. Als sie hört, dass es sechs Uhr ist, erhebt sie sich hastig. „Ich muss unbedingt nach Hause. Meine Eltern sind sauer, wenn ich zu spät komme."

„Warte, ich begleite dich noch ein Stück." Ich rapple mich ebenfalls schnell auf.

„Ach was, sechs Uhr schon? Dann muss ich auch los", ruft Luca.

Arve entgeht nicht, dass an diesem plötzlichen Aufbruch etwas nicht stimmt, doch sie tut so, als verhielten wir uns völlig normal.

Auf dem Gehweg verabschieden wir vier uns voneinander.

Imad tastet seine Jacke ab und greift suchend in seine Hosentaschen. „Ich habe meinen Schlüssel bei Arve vergessen."

„Sollen wir auf dich warten?" Ich drehe mich zu ihm um.

„Nein danke. Komme klar", sagt er freundlich, aber bestimmt und läuft zum Hauseingang zurück.

Irgendetwas sagt mir, dass Imad geflunkert hat. Doch wenn er seine Schlüssel nicht vergessen hat, warum will er dann noch mal zu Arve?

Wann macht das Pech
eine Pause?

„Karline, wir müssen wieder mehr Zeit miteinander verbringen. Seit Wochen sehe ich dich kaum. Ich vermisse
unsere gemeinsamen Unternehmungen und Unterhal-
tungen", verkündet mein Vater am nächsten Tag beim
Mittagessen. „Deswegen habe ich eine Überraschung für
uns geplant. Am Samstag und Sonntag machen wir einen
Ausflug. Was hältst du davon?"

Wie wenig ich davon halte, sage ich lieber nicht laut,
dafür habe ich Papa zu gerne. Und es stimmt, wir sehen
uns im Moment wirklich selten, aber es begann ja damit,
dass Papa mit Arve Zeit verbringen wollte. Doch das sage
ich auch nicht. „Du hast recht, wir sehen uns nicht oft, aber
du musst so viel arbeiten, da gönne ich es dir, wenn du in
deiner Freizeit etwas mit Arve unternehmen möchtest."

„Es ist sehr lieb, dass du an mich denkst, aber du bist meine Tochter und von der möchte ich wieder mehr haben."

„Die nächsten zwei Wochenenden bin ich aber leider schon verplant." Ich kann gerade jetzt unmöglich ein ganzes Wochenende nicht in den Garten, schon alleine, weil ich dann Imad nicht sehe.

„Dann musst du deine bisherigen Pläne verändern", erklärt Papa mit einer Stimme, die keinen Widerspruch duldet. „Meine geniale Idee kann ich nicht verschieben. Glaub mir, sie wird dir gefallen."

Papa kann nicht wissen, was mir gerade gefällt, aber ich kann es ihm leider nicht erklären. Also muss ich mir etwas einfallen lassen, damit ich mich vor seiner *genialen Idee* drücken kann. Vorher muss ich allerdings noch etwas Wichtiges erledigen: bei Tom das Testament schreiben. Grete und ich haben in der Schule einen Text entworfen und sind um 15 Uhr im Café verabredet, um ihn in den Computer zu tippen.

Als wir bei Tom auftauchen, ist er verwundert, uns so schnell wiederzusehen. „Nichte, du wirst noch mein treuster Stammgast. Schade, dass du deine Getränke nicht bezahlst, sonst könnte ich reich werden." Grete und ich lächeln müde, Tom jedoch scheint begeistert von seinem Witz zu sein, denn er lacht laut. Kern erhebt sich von seinem Schlafplatz und stimmt mit einem fröhlichen Bellen in Toms Lachen ein.

„Können wir noch mal dein Büro und deinen Computer für unsere Hausaufgaben benutzen?", frage ich.

„Was gibt es diesmal zu tun?", erkundigt sich Tom interessiert.

„Wir müssen für eine Deutscharbeit üben und einen Probetext schreiben." Grete hat wie immer eine passende Antwort parat.

„Drei Dinge kann Karline in Klassenarbeiten super: Name, Klasse und Datum", witzelt Tom.

„Ich brauche deine Unterstützung und keine doofen Witze." Manchmal nervt er mich. Doch mein Onkel merkt es offensichtlich nicht und grinst über das ganze Gesicht. „Das bekommst du bei mir im Doppelpack."

„Der hat wohl heute Morgen einen Clown gefrühstückt", raune ich meiner Freundin leise zu. Grete unterdrückt ihr Lachen.

Der Text ist schnell getippt. Schwieriger ist es zu entscheiden, wie das Testament aussehen soll. Muss man eine Adresse angeben? Wo gehört das Datum hin und welches sollen wir nehmen? Bevor wir das Büro wieder verlassen, stibitze ich noch einen weißen Umschlag aus der Schreibtischschublade.

Erleichtert, die Aufgabe erfolgreich erledigt zu haben, setzen wir uns noch einen Augenblick zu meinem Onkel an die Theke.

„Antons Papa war gerade auf einen Espresso hier. Er erzählte mir, dass ihr euch auf dem Industriegelände rumtreibt", beginnt Tom und wischt mit einem Tuch die Gläser trocken. „Ich soll ein bisschen besser auf dich aufpassen, meinte er. Die Gegend sei nicht ganz ungefährlich. Da muss wohl noch eine Erbschaftsangelegenheit geklärt werden und dann will die Stadt die Industriehallen sprengen lassen, um die Neubebauung möglichst schnell in Angriff nehmen zu können. Ich weiß nicht, was du da machst, aber bitte sei vorsichtig und mach nicht auf rote Zora."

Keine Ahnung, wer die rote Zora ist, aber eine so lange, ermahnende Rede habe ich selten von meinem Onkel gehört. Er sieht mich eindringlich an.

„Keine Sorge, wir haben nur eine Fahrradtour in die Gegend gemacht", versuche ich ihn zu beruhigen.

„Ich glaube dir zwar kein Wort, aber ich verlasse mich darauf, dass du vorsichtig bist. Wenn dir etwas passiert, wäre das für deinen Vater und mich das Schrecklichste auf der Welt." Dabei schaut er mich ganz traurig an.

Tom ist manchmal einfach zum Knuddeln. Ich stemme mich vom Barhocker hoch, lehne mich über die Theke und gebe ihm ein Küsschen auf die Wange.

„Ehrenwort, ich bin vernünftig und passe auf mich auf", erkläre ich feierlich und lasse mich wieder auf den Sitz zurückfallen.

„Und was ist mit mir?", erkundigt sich meine Freundin grinsend.

„Auf dich passe ich auch auf." Ich grinse zurück und puste ihr einen Handkuss zu.

Grete und ich trinken einen zweiten heißen Kakao mit Sahne und Schokostreuseln, dann müssen wir uns Richtung Garten aufmachen. Luca soll nicht warten. Wir kommen trotzdem zu spät. Er hockt auf der Treppe vor der Villa, hält einen Brief in der Hand und studiert ihn eingehend. Neben ihm auf den Stufen liegen noch mehr Briefe.

„Hey Luca, was machst du mit der Post?", fragt Grete, noch bevor wir absteigen.

Luca sieht auf und winkt uns zu. „Ich hab eine super Idee! Manchmal kommt die Post, die wir im Laden verschicken, wieder zurück, weil die Leute umgezogen sind oder der Briefträger die Adresse nicht gefunden hat. Wenn Victor Windeck auch Post zurückbekommen hat, dann müssten wir auf dem Umschlag seine Schrift finden und können sie abzeichnen." Er ist sichtlich stolz auf seinen Plan.

Grete und ich parken unsere Räder und setzen uns zu ihm auf die Treppe. Ich ziehe unser Testament und einen

Stift aus der Tasche und reiche beides Luca. Der gibt mir dafür den Briefumschlag, auf dem die Anschrift durchgestrichen ist und der Stempelaufdruck UNBEKANNT VERZOGEN prangt. Und in der linken oberen Ecke steht handgeschrieben Victor Windecks Adresse!

„Ich brauche etwas zum Üben", erklärt Luca, während er sich suchend umschaut. Grete zieht einen Prospekt vom Posthaufen und hält es ihm hin. Nach den ersten drei Versuchen, die wir mit fünf und höchstens vier bewerten,

wird er langsam besser. Als wir endlich alle drei zufrieden mit der Unterschrift sind, wagt Luca sich an das Testament und setzt konzentriert die Unterschrift unter unseren Text.

Besorgt schaut Grete auf unser Werk. „Hoffentlich kommt das nicht raus."

Ich kenne meine Freundin gut genug, um zu wissen, dass sie jetzt, wo es ernst wird, jederzeit noch einen Rückzieher machen könnte. Und ich muss zugeben, so richtig gut fühle ich mich auch nicht bei der Sache, denn schließlich ist ein falsches Testament ein richtiger Betrug. Aber was bleibt uns anderes übrig?!

„Es ist doch für eine gute Sache, sonst wird der schöne Garten platt gemacht und die ganze Arbeit von Victor Windeck wäre umsonst gewesen", versuche ich sie und mich zu beruhigen.

„Keine Sorge, meine super Fälschung erkennt niemand", behauptet Luca selbstbewusst.

„Ich wollte nur gesagt haben, dass es verboten ist, was wir hier machen, und wir hoffentlich nicht erwischt werden. Aber eine bessere Lösung sehe ich auch nicht", gibt Grete zu und steht auf.

Luca schiebt die Post wieder unter den Briefkasten. Gemeinsam laufen wir zum Garten, um nach einem glaubhaften Versteck für das Testament zu suchen.

Alle möglichen Verstecke unter der Erde kommen nicht infrage, denn dort hätte sich das Papier durch Regen, Hitze oder Eis längst aufgelöst. Grete hat schließlich die beste Idee. Sie scheint ihr schlechtes Gewissen überwunden zu haben und schlägt die kleinste Schublade im Treppenschrank im Teehaus vor. „Dann haben wir zwar noch das Problem, zu erklären, warum wir den Schrank durchsucht haben, aber bei Kindern weiß man ja, dass sie neugierig sind", grinst Grete.

Die Übergabe an Antons Vater können wir allerdings erst am nächsten Tag vornehmen, denn bis wir zurück in der Stadt sind, hat das Rathaus nicht mehr geöffnet. Imad taucht nicht auf.

Dass er nicht da ist, hinterlässt ein blödes Gefühl bei mir.

Warum läuft es immer anders, als man denkt?

Am nächsten Tag treffen wir uns nach der Schule direkt in der Innenstadt, um unseren Brief abzugeben. Am Schalter im Eingangsbereich hält uns eine Mitarbeiterin auf und fragt, wo wir hinmöchten. Grete erklärt, dass wir zu dem Vater eines Freundes wollen und nennt seinen Namen.

„Da habt ihr heute Pech. Herr Behrens hat einen Außentermin und ist erst morgen wieder erreichbar. Kann ich ihm etwas ausrichten?"

Enttäuscht schütteln wir den Kopf. Das bedeutet noch eine weitere Nacht mit dem Testament unter dem Kopfkissen, das mich nervös macht wie eine Klassenarbeit, für die ich nicht gelernt habe.

Doch am nächsten Nachmittag haben wir Glück. Die Frau am Empfang erkennt uns wieder und nennt uns die

Zimmernummer von Antons Vater. Einen Moment bleiben wir zögernd vor der Tür stehen, doch dann überwinde ich mich und klopfe an.

Eine vertraute Stimme sagt: „Herein." Antons Vater schaut überrascht, aber freundlich, als er uns erblickt. Er winkt uns an seinen Schreibtisch. „Wie komme ich zu dieser Ehre? Wollt ihr euch setzen?"

Gleichzeitig schütteln wir alle drei den Kopf.

„Was kann ich für euch tun?"

Luca boxt mir unauffällig in die Seite. Der Knuff soll wohl ein Startzeichen sein. Warum fängt *er* nicht an?

„Karline, sagst du mir, warum ihr hier seid?"

„Es geht um die Villa und den Erben, äh, das Testament, das Sie suchen", stottere ich los.

„Ach, habt ihr es auch schon gehört? Ja, es gibt tolle Neuigkeiten. Für die Stadt sind sie nicht so gut, aber immerhin haben wir endlich eine Lösung für das Gelände und schlecht ist die neuste Entwicklung letztendlich für die Stadt auch nicht."

Ich habe keine Ahnung, wovon der Mann redet. Ratlos suche ich den Blick von Grete und Luca.

„Was für Neuigkeiten?", fragt Grete mit Piepsstimme.

„Nun, es hat sich ein Erbe gemeldet. Die Rechtmäßigkeit des Anspruchs muss zwar noch juristisch geklärt werden, aber das scheint mir nur ein formaler Akt."

Kann der Mann nicht einfach sagen, was los ist?!

„Was bedeutet das für das Gelände?" Luca hatte offensichtlich die gleiche Frage im Kopf.

„Soweit man es nach den ersten Gesprächen mit dem Erben absehen kann, wird die Stadt das Industriegelände pachten, also mieten und in Absprache neu nutzen und bebauen können, aber es wird keinen Rasthof geben und die Villa und das Grünzeugs drumherum sollen erhalten bleiben."

„Wer ist denn der Erbe?", erkundigt sich Grete zaghaft.

„Das darf ich euch leider noch nicht sagen, aber bald wird es sicher in den Medien verkündet." Antons Vater zieht bedauernd die Schultern hoch.

Als wir wieder auf dem Rathausvorplatz stehen, fühle ich mich, als hätte mir jemand eine bleischwere Jacke über die Schulter gehängt. Enttäuscht starren wir auf das steinerne Denkmal vor dem Rathaus.

„Was machen wir jetzt?", fragt Grete schließlich.

„Auf jeden Fall müssen wir Imad Bescheid sagen." Schade, dass er jetzt nicht hier ist.

Luca nickt. „Am besten bringen wir das gleich hinter uns."

Er hat recht. Wortlos machen wir uns zum Garten auf. Beim Betreten kommt mir der grüne Ort noch schöner vor als sonst. Das Rauschen der Blätter, die Lichtstrahlen der Sonne, die zwischen den Ästen hindurchscheinen, das Summen der Insekten und das Gefühl von Gras und Holz, selbst die kleinen Kieselsteinchen unter den nackten Füßen geben mir immer wieder einen Glückskick. Und den soll ich bald nicht mehr erleben dürfen? Es ist zum Heulen.

Am Ende des Gartens entdecken wir Imad, der gerade sein Gemüsebeet wässert.

„Imad, es ist etwas Schreckliches passiert", platze ich heraus, als wir bei ihm ankommen.

Erstaunt schaut er auf. Dabei zieht er eine Augenbraue lässig nach oben.

„Es hat sich jemand bei der Stadt gemeldet, der den Garten haben will!", setze ich nach.

Auf Imads Gesicht zeigt sich keine Gemütsregung. „Ach so."

„Imad, verstehst du nicht, was das bedeutet?!" Luca legt seinem Freund die Hand auf die Schulter. „Wir können uns bald nicht mehr hier treffen. Dein Gemüsebeet kannst du dann auch vergessen."

„Das wäre schade."

Wie kann man nur so ruhig bleiben?! Imads Gelassenheit macht mich rasend. Ich verstehe die Welt nicht mehr und schaue Grete hilfesuchend an. Die Nachricht scheint

Imad überhaupt nicht zu berühren. Meine Gefühle fahren bei dem Gedanken, all das hier aufgeben zu müssen Achterbahn und das Einzige, was er zu sagen hat, ist *Ach so?!*

„Man muss das Unwillkommene willkommen heißen, hat Victor immer gesagt", gibt Imad ruhig von sich.

Wie soll das denn funktionieren? Imad kommt wohl nicht nur aus einem anderen Land, sondern von einem anderen Stern. Wenn etwas ätzend ist, kann und will ich es nicht in mein Leben lassen.

„Was man nicht verändern kann, muss man nicht bekämpfen, sondern lernen, damit umzugehen", setzt er noch einen obendrauf.

Imad hat wirklich einen an der Waffel! Langsam werde ich wütend. Wir vier sind in diesem Garten glücklich wie an keinem anderen Ort. Die Schule spielt keine Rolle, die Menschen, die nerven, sind weit weg, Imads Heimweh ist besser geworden, ich schlafe gut und er will das alles kampflos aufgeben?!

„Erst hilfst du uns bei unserem Rettungsversuch nicht und jetzt willst du das Ende unserer gemeinsamen Zeit auch noch willkommen heißen?! Wenn dir so wenig an uns und dem Garten liegt, dann können wir die Sache auch gleich beenden." Vor Wut steigen mir die Tränen in die Augen. „Deinen hässlichen Flaschengarten kannst du auch wiederhaben. Ich brauche nichts, was mich an das alles hier erinnert." Ich drehe mich auf dem Absatz um und renne zum Ausgang.

Grete folgt mir. Als ich an der Hecke hängen bleibe, holt sie mich ein.

„Warte, Karline! Was ist denn in dich gefahren?" Ungläubig schüttelt sie den Kopf. „Ich finde ja auch, dass Imad ziemlich verpeilt reagiert hat, aber du hast komplett *überreagiert*. Und von welchem Flaschengarten hast du gefaselt?"

Die Erwähnung des Flaschengartens war ein Fehler, doch jetzt, wo es mir rausgerutscht ist, kann ich es Grete auch genauso gut erzählen.

„War selbst gebastelt, hat mir Imad geschenkt, gleich an dem Wochenende, an dem wir uns kennengelernt haben", gebe ich bruchstückhaft preis.

„Wie romantisch. Ich glaube, er mag dich", kichert Grete.

„Er ist viel zu alt", wehre ich verlegen ab, trotzdem freue ich mich riesig über Gretes Vermutung. Langsam beruhigen sich meine Gedanken und Gefühle wieder.

„Wir müssen jetzt einen kühlen Kopf bewahren, sagt meine Mutter in solchen Situationen immer. Bis sie einen Erben gefunden haben, können wir unseren Garten doch noch genießen. Und danach müssen wir uns einfach einen neuen geheimen Treffpunkt suchen. Was hältst du davon, wenn wir hier nächstes Wochenende ein Abschiedsfest feiern?"

Eine Gartenparty wäre klasse. Schon bei dem Gedanken, abends gemeinsam auf dem Rasen zu liegen und in die Sterne zu schauen, geht meine Laune steil nach oben.

Doch dann fallen mir plötzlich Papas Pläne ein. „Mein Vater will, dass ich am nächsten Wochenende mit ihm etwas unternehme." Missmutig schubse ich einen Kieselstein mit dem Fuß weg.

Grete zuckt mit den Schultern und grinst. „Tja, die Idee musst du ihm wohl austreiben."

Was stimmt mit unseren Eltern nicht?

Meine erprobte Taktik funktioniert diesmal überhaupt nicht. Wenn ich sonst zu Hause mehr mithelfe, als ich muss, gute Laune versprühe und viel mit Papa quatsche, dann bekomme ich nach ein paar Tagen meine Bitten meistens durch. Mit dieser Technik habe ich es sogar schon einmal geschafft, dass ich spätabends auf ein Pop-Konzert durfte, obwohl mein Vater es am Anfang auf keinen Fall erlauben wollte. Nur Tom musste als Aufpasser mit.

Doch diesmal bewegt sich Papa keinen Zentimeter. Er hat sich in den Kopf gesetzt, unbedingt dieses eine Wochenende mit mir zu verbringen und stellt sich allen anderen Ideen gegenüber taub.

Die Woche fühlt sich sowieso schon grau und leer an. Imad ist am Montag nicht im Garten erschienen und Luca hat die Ausstrahlung eines Grottenolms.

„Was ist los, Luca?", erkundigt sich Grete fürsorglich, während sie die Beete gießt.

„Alles ätzend. Ich muss am Wochenende meiner Mutter im Geschäft helfen, obwohl ich ihr gesagt habe, dass ich bei einer Aktion der Umwelt-AG eingeplant bin. Eure Grüne Kugel wird mir langsam zu viel, meinte meine Mutter. Sie hat mir angeboten, mal mit dem verantwortlichen Lehrer zu sprechen. Ich kann also nicht mitfeiern, sonst ruft sie noch bei der Schule an."

„Übel, alles richtig übel", stellt Grete fest. „Dabei soll es am Wochenende tolles Wetter geben, absolut genial, um im Garten zu liegen und in den Teich zu springen."

Als wir die Gießkannen zurückstellen, hören wir vor der Villa Autotüren schlagen und Stimmen.

„Was machen wir jetzt?" Erschrocken starre ich die anderen an.

„Heranschleichen und sehen, was da los ist", schlägt Luca vor.

Vorsichtig nähern wir uns dem alten gelben Haus. Als wir durch die Büsche steigen und an der Rückseite der Villa stehen, sind die Stimmen so nahe, dass wir einzelne

Satzteile verstehen können. Es geht um Zimmer, die man aufteilen möchte. Beim weiteren Belauschen wird uns klar, dass dort Reinigungskräfte besprechen, wie sie die Villa sauber machen wollen. Eine Frauenstimme fragt, wo die Jungs bleiben, die vorher die Räume ausmisten sollen.

Wir schleichen uns weiter nach vorne, um an unsere Räder zu gelangen, die wir wie immer am Geländer geparkt haben. Gerade, als wir unsere Schlösser aufschließen, biegt ein Umzugswagen in die Auffahrt. Das sind bestimmt die Männer, die von der Frau vermisst wurden.

Wir schieben unsere Fahrräder parallel zur Einfahrt in Richtung Straße. Keiner achtet auf uns, alle sind zu sehr mit ihrer Arbeit beschäftigt. Eine helle Frauenstimme hört man am häufigsten sprechen. Ich schaue noch einmal zurück und traue meinen Augen nicht. Die Frau oben an der Treppe vor der Haustür, die der Putzkolonne Befehle gibt, ist die Frau im Schmeißfliegen-Regenmantel, die den Stick ins Grab geworfen hat!

„Luca", zische ich. „Dreh dich mal um. Die Frau dahinten hat die kleine Buddha-Figur in Victors Grab geworfen."

Luca dreht seinen Kopf und betrachtet die Frau eingehend. „Das wird wohl die Erbin sein."

„Ich weiß nicht." Grete macht ein skeptisches Gesicht.

„Wenn diese Frau die Erbin ist und sogar am Grab von Victor Windeck war, warum hat sie sich dann nicht gleich gemeldet? Vielleicht ist sie eine Betrügerin, schließlich hat sie sich auch nach der Beerdigung heimlich zum Grab geschlichen."

Bei diesem Gedanken werde ich ganz hibbelig. Mein Herz schlägt schneller. „Vielleicht hatte die Frau eine ähnliche Idee wie wir und versucht jetzt irgendwie an das Haus und den Garten zu kommen! Wir müssen mit Antons Vater sprechen und ihn warnen."

Luca schüttelt resigniert den Kopf. „Glaub ich nicht. Man muss wissen, wann man verloren hat, und wir haben verloren."

Abends kann ich nicht einschlafen und höre noch ein bisschen Musik. Dabei wälze ich mich in meinem Bettkasten von einer auf die andere Seite. Die Lichterkette taucht mein Zimmer in ein leicht rötliches Licht. Auf dem Hocker neben meinem Bett steht der süße Flaschengarten von Imad. Eigentlich müsste er Tic-Tac-Garten heißen, schließlich steckt er nicht in einer Flasche, sondern in einer Plastikbox. Der Gedanke, dass wir nicht mehr in den Garten können, ist einfach schrecklich. Die totale Katastrophe! Wie soll ich Imad dann wiedersehen? Ich kann zwar nicht verstehen, warum er sich in der letzten

Woche so kariert verhalten hat, aber für meinen Ausraster könnte ich mich trotzdem entschuldigen. Vielleicht fahre ich nächste Woche zu ihm und rede mit ihm. Den Flaschengarten gebe ich natürlich nie im Leben zurück.

Am nächsten Morgen vor der Schule wartet Grete auf dem Pausenhof auf mich.

„Es ist unfassbar, aber meine Eltern haben, ohne mich zu fragen, Pläne fürs Wochenende gemacht", wettert sie los.

Damit können wir das geplante Abschiedsfest endgültig vergessen, zumal ich meinen Vater kein bisschen von seiner Ausflugsidee abbringen konnte.

„Noch gebe ich unseren Garten nicht auf", erkläre ich kämpferisch. „Nach dem Wochenende fahre ich zu Antons Vater ins Büro und erzähle ihm, was ich am Grab beobachtet habe. Kommst du mit?"

„Klar komme ich mit, schließlich geht es um alles!" Gretes Augen blitzen wild entschlossen.

Als Papa mich Samstagmorgen weckt, ist meine Laune auf dem Nullpunkt. Es ist vielleicht nicht ganz fair ihm gegenüber, aber ich kann nicht anders. Ich bin gleichzeitig traurig und wütend und weiß nicht, wie ich die Gefühle abstellen kann. Es war so schön mit Imad, Grete und Luca im Garten und das soll jetzt vorbei sein? Als ich ins Bad schlurfe, ruft mir Papa hinterher, dass ich Schwimmzeug und Sonnencreme einpacken soll. Er versucht gute Stimmung zu verbreiten, aber seine übertriebene Laune perlt an mir ab wie Wasser an meinen Gummistiefeln.

„Papa, verrätst du mir nun endlich, wo wir hinfahren?", frage ich matt, als ich gewaschen und angezogen vor ihm stehe.

„Nein! Du musst dich noch etwas gedulden, aber glaub mir, das wird eine echte Überraschung", verkündet er strahlend.

„Ich will mich heute aber nicht gedulden", grummle ich vor mich hin.

„Weißt du, was Rita Breitmoser gerne sagt? Ungeduld ist ein Hemd aus Brennnesseln."

Bevor ich mit Papa diskutieren kann, dass ich das doofe Brennnessel-Hemd gar nicht tragen müsste, wenn er mir einfach verraten würde, wo wir hinfahren, klingelt es an der Haustür und er stürmt aus der Küche.

Ich brauche einen Moment, um mich zu sortieren, als Arve in der Küche auftaucht. Ich hätte nicht gedacht, dass meine Stimmung noch weiter bergab gehen könnte, aber Papas Idee, Arve mitzunehmen, hat es geschafft.

„Ich dachte, du wolltest endlich mal wieder Zeit mit *mir* verbringen", fauche ich wütend.

„Wenn Arve dabei ist, habe ich ja nicht weniger Zeit mit dir", antwortet Papa ungerührt. „Außerdem war der Ausflug Arves Idee und ohne sie wäre er auch gar nicht möglich."

Wenn er mich mit diesem Hinweis neugierig machen will, hat er sich aber geschnitten. Unfassbar, dass dieser ganze Tag tatsächlich noch blöder werden kann. Da ist jedes weitere Wort zu viel. Am besten, ich schweige ab jetzt.

Fraglos glücklich

Ich schaue aus dem Fenster. Diese Straße bin ich in den letzten Wochen so oft mit Grete entlang geradelt. Als wir am Stadtende über die Brücke fahren und in Richtung Industriegebiet abbiegen, kann ich es kaum noch aushalten. Ich will unbedingt wissen, wo wir hinfahren, aber ich habe mir fest vorgenommen nichts mehr zu sagen, also schlucke ich meine Frage herunter. Einen Augenblick später rollen wir auf das stillgelegte Fabrikgelände. Mein Herz beginnt wild zu schlagen. Mir fällt auf, dass die Absperrung am Eingang verschwunden ist. Als die Reinigungsleute und das Möbelauto kamen, war der Baustellenzaun bereits geöffnet, aber jetzt ist er ganz verschwunden. Jeder kann wieder ungehindert das Gelände betreten.

„Wir sind gleich da, nur noch da vorne links rein", verkündet Arve, während sie bereits das Tempo drosselt.

Ich verstehe nicht, was sie vorhat.

Arve steigt aus und läuft zur Tür der Villa, während Papa den Kofferraum öffnet.

„Karline, Endstation. Du kannst aussteigen", ruft er durch den geöffneten Kofferraumdeckel nach vorne.

Langsam steige ich aus und schaue Arve verwirrt hinterher, die ganz selbstverständlich die Haustür aufschließt und in der Villa verschwindet.

„Wenn du nicht reingehen willst, hilf mir trotzdem tragen", höre ich Papa hinter mir sagen.

Wie ferngesteuert gehe ich zum Kofferraum und nehme einen großen Korb mit Essen entgegen. Papa schnappt sich links und rechts einen Kasten Sprudel und läuft zum Haus. Etwas verzögert stolpere ich hinterher. Was soll das Theater?! Das ist unser Garten und woher wissen Arve und Papa überhaupt davon? Tausend Fragen schießen mir gleichzeitig durch den Kopf. Ich weiß nicht, ob ich mich freuen oder wütend sein soll.

„Komm durch, Paul", ruft Arve. „Die Sachen müssen alle in den Garten. Karline, wo bleibst du? Hier wartet jemand auf dich."

Als ich an der Terrassentür ankomme, steht Imad auf den Steinen davor und grinst mich an.

„Ich hab doch gesagt, du musst das Unwillkommene willkommen heißen." Er macht einen Schritt auf mich zu.

„Es tut mir so leid", platzt es aus mir heraus. „Ich war fies und ungerecht. Entschuldige!"

Imad lächelt und kommt noch einen weiteren Schritt auf mich zu. Ich bin erleichtert und könnte vor Freude die ganze Welt umarmen und bei ihm fange ich an. Genauso schnell wie ich ihn spontan umarmt habe, lasse ich ihn auch wieder los. Ich spüre einen leichten Widerstand durch seine Hände auf meinem Rücken, als ich mich aus der Umarmung löse.

Bevor er sehen kann, dass mir die Röte ins Gesicht schießt, drehe ich mich in Richtung Haus.

Da steht Papa mit mehreren Stangen unter dem Arm und schaut mich fragend an. „Willst du mir den jungen Herrn nicht vorstellen?"

„Das ist Imad", antworte ich schnell.

„Aha, du bist also Imad. Ich habe schon viel von dir gehört", sagt mein Vater. Er legt die Stangen auf dem Boden ab und begrüßt Imad.

„Erklärst du mir vielleicht jetzt, was wir hier machen?", frage ich ihn.

Arve kommt Papas Antwort zuvor. „Du wolltest gerne die neue Erbin kennenlernen und, voilà, hier steht sie vor dir."

Ich kapiere überhaupt nichts mehr und werfe Imad einen fragenden Blick zu.

„Ich erkläre später alles, aber erst müssen wir einiges vorbereiten, denn wir erwarten Gäste." Damit verschwindet Arve in Richtung Garten.

Nach einer Stunde stehen vor dem Teehaus zwei weiße Pavillons mit Getränken und Essen darunter. Auf den Rasenflächen sind Picknickdecken verteilt und in den Bäumen schaukeln kleine Laternen. Mein Vater und ich stehen am Teich und blicken auf den wunderschön geschmückten Garten.

„Arve hat nicht übertrieben. Was für ein magischer Ort. Hier kann man alle seine Sorgen vergessen", stellt er beeindruckt fest und dreht sich mit ausgestreckten Armen einmal um die eigene Achse. „Das ist ein Riesenglückskeks für die Augen."

„Hallo, wo seid ihr?" Es ist Grete. Ich renne ihr in Richtung Villa entgegen. Sie ist mit ihren Eltern gekommen.

„Wusstest du etwas davon?", presst sie leise durch ihre Lippen. „Meine Eltern haben mich hierhin entführt. Ich war komplett von den Socken, als wir bei der Villa gelandet sind."

„Mir ging es genauso. Ich hatte keinen blassen Schimmer, sonst hätte ich es dir doch erzählt." Goldschmidts, Gretes Eltern, haben ein Geschenk für Arve dabei und bitten mich, sie zu ihr zu bringen.

„Wie schön, Sie kennenzulernen", strahlt Frau Gold-schmidt und überreicht Arve ein buntes Päckchen. Es sind kleine Lichter in Lotusblumenform. „Die Lampen sind wasserdicht und können auf dem See schwimmen", erklärt Gretes Mutter begeistert.

Die nächsten Gäste erscheinen auf dem Rasen: Luca und seine Mutter sind angekommen. Die Geschichte, dass Luca im Geschäft aushelfen muss, war also nur ein Vor-wand. Unsere Eltern haben sich scheinbar alle gegen uns verbündet! Gut, genau genommen haben sie sich *für* uns verbündet, denn jetzt sind wir alle zusammen in unserem Garten oder vielmehr in *Arves* Garten. Es ist der pure Wahnsinn. Ich kann es immer noch nicht fassen, dass sie die Erbin von Victor Windeck ist!

„Danke für die Einladung", wendet sich Frau Breitmoser an Arve. „Ich habe Ihnen eine japanische Nelkenkirsche mitgebracht. Sie sieht in ihrer vollen Blüte fantastisch aus und wenn Sie das nächste Mal etwas für den Garten brauchen, dann sagen Sie mir oder Luca einfach Bescheid."

„Wo ist deine Mutter?", frage ich Imad.

„Ich weiß nicht, vielleicht traut sie sich nicht. Ich laufe rüber und hole sie." Imad sprintet los. Keine zehn Minuten später ist er mit seiner Mutter im Schlepptau zurück.

Imads Mutter habe ich mir viel älter und irgendwie anders vorgestellt. Sie ist jünger als Arve, geschminkt und schick angezogen. Sie hat leckere persische Süßigkeiten mitgebracht. Die kleinen Pistazienkekse, die Imad schon mal bei der Gartenarbeit dabeihatte, mag ich besonders gerne.

Arve nimmt ein Weinglas und schlägt mit einem kleinen Löffel an den Rand, um sich Aufmerksamkeit zu verschaffen. „Liebe Gäste, ich freue mich sehr, euch in meinem neuen Garten begrüßen zu dürfen."

Die Erwachsenen applaudieren und Gretes Papa ruft: „Wir danken für die Einladung!"

Dass Arve *mein Garten* sagt, fühlt sich für mich total falsch an. Eigentlich ist es *unser Garten*. Ich schaue die anderen an. Imad steht da und lächelt still vor sich hin. Luca scheint die blöde Formulierung gar nicht aufgefallen zu sein. Er hängt begeistert an Arves Lippen. Doch als sich Gretes und mein Blick treffen, sehe ich, dass sie genau das Gleiche denkt wie ich. Sie hat ihre Augenbrauen hochgezogen und runzelt die Stirn. Schließlich zuckt sie mit den Schultern. „Was soll's, wir werden uns daran gewöhnen. Schließlich hätte es viel schlimmer kommen können", flüstert sie mir zu.

„Bevor wir richtig feiern, ein paar Worte vorweg. Diesen Garten habe ich Karline, Grete, Imad und Luca zu verdanken." Arve verbeugt sich in unsere Richtung und fährt lächelnd fort. „Der ehemalige Besitzer Victor Windeck war mein Onkel, der Bruder meiner Mutter. Meine Eltern und er haben gemeinsam eine Firma in Japan geleitet. Als ich 12 Jahre alt war, mussten meine Eltern und Onkel Victor beruflich nach Deutschland. Auf dem Rückweg gerieten sie in einen schweren Verkehrsunfall, bei dem meine Mutter ums Leben kam und mein Onkel schwer verletzt wurde. Mein Vater wusste vor Kummer weder ein noch aus. Er gab sich die Schuld am Tod meiner Mutter, da er am Steuer gesessen hatte. Als ob das alles nicht schlimm genug gewesen wäre, zog mein Onkel gegen meinen Vater vor Gericht. Er wollte Schmerzensgeld für die Verletzungen, die er durch den Unfall erlitten hatte. Nach der Verhandlung wollte mein Vater nicht mehr in Japan bleiben, sondern nach Deutschland zurück. Ich musste meine Freunde, die Schule, meine Heimat, einfach alles hinter mir lassen." Arve stockt einen kurzen Moment. Alle im Garten sind mucksmäuschenstill. Plötzlich tut sie mir leid. Erst stirbt ihre Mutter und dann muss sie in ein fremdes Land ziehen. Wenn ich Grete, Luca, Imad, Onkel Tom und all die anderen hier verlassen müsste, wäre das schrecklich. Als Papa zu ihr tritt und sie in den Arm nimmt, finde ich es zum ersten Mal gut.

Wir warten gespannt darauf, dass sie weitererzählt. Arve trinkt einen Schluck Wasser und räuspert sich. „Einige Jahre später kam auch Victor nach Deutschland, er wollte sich mit meinem Vater und mir versöhnen. Aber ich wollte mit diesem Mann nie wieder etwas zu tun haben, auch nicht mit seinem Besitz. Denn er hat mir gezeigt, was passieren kann, wenn einem Geld zu wichtig ist. Daher hatte ich mich auch nicht gemeldet, als man seine Erben suchte." Sie macht eine kurze Pause und sieht zu mir herüber. „Doch dann traf ich Karline, Grete, Luca und Imad. Ich erfuhr durch die vier, welch positive Kraft dieser Garten hat. Er bringt alle zusammen, egal wie alt sie sind, welches Geschlecht sie haben, aus welcher Kultur sie stammen. Als mich die Grüne Kugel neulich besuchte", bei dem Namen zwinkert sie uns verschwörerisch zu, „erzählte mir Imad, wie schrecklich es wäre, wenn der Garten einer Tankstelle weichen müsste. Und er erzählte mir vor allem auch, wie nett mein Onkel zu ihm und seiner ganzen Familie gewesen war. Das hat mein Bild von ihm zumindest etwas verändert."

„Aber woher hat er gewusst, dass Arve die Erbin ist", überlegt Grete laut.

„Karline hat mich auf den Gedanken gebracht", antwortet Imad leise, der nah genug bei uns steht, um uns zu hören.

„*Ich?* Wie habe ich das gemacht?"

„Durch den Flaschengarten in Arves Haus. Victor hatte genau den gleichen in seinem Wohnzimmer. Außerdem war da das alte Schwarz-Weiß-Foto mit dem Jungen und dem Mädchen im japanischen Mantel. Genau das gleiche stand bei Victor auf dem großen Schreibtisch. Die beiden mussten etwas miteinander zu tun haben."

Grete und ich sehen Imad mit großen Augen an.

„Sie haben beide in Japan gelebt, hatten exakt den gleichen Flaschengarten und das gleiche Foto? Zu viele Zufälle! Ich habe Arve danach gefragt. Erst musste ich erzählen, warum mich das interessiert, aber dann hat sie mir verraten, dass Victor ihr Onkel war."

„Hört mir noch jemand zu?", fragt Arve fröhlich in unsere Richtung. Wir verstehen die Anspielung und sind wieder still.

„Ich habe mir Folgendes überlegt", fährt sie fort. „Ob ich in die Villa ziehe, weiß ich noch nicht. Für mich alleine ist sie viel zu groß, aber den Garten möchte ich auf jeden Fall behalten und nutzen. Ich werde ihn für die Öffentlichkeit freigeben. Dann haben vor allem auch die Bewohner der Flüchtlingsunterkunft nebenan einen schönen Rückzugsort, aber an einem Tag der Woche wird er nur Karline, Grete, Luca und Imad gehören."

„Einfach so?", erkundigt sich Lucas Mutter.

„Eine Bedingung habe ich", ergänzt Arve. „Ihr müsst euch weiterhin so tatkräftig um den Garten kümmern wie bisher."

Wir jubeln laut vor Freude. Grete und ich fallen uns in die Arme.

„Vielleicht ziehst du sogar in die Villa?!", sagt Grete begeistert, als wir uns wieder voneinander lösen.

„Einen Garten zusammen zu haben, ist das eine, zusammen wohnen ist aber eine ganz andere Nummer." Während ich das sage, merke ich aber, dass ich es nicht mehr so schlimm fände, wenn Arve zur Familie gehören würde.

„Hallöchen", tönt es plötzlich vom Garteneingang. Im nächsten Moment stürmt Kern durch die Büsche. Der Pudel kennt den Weg. Als er uns alle erblickt, bleibt er kurz stehen. Dann läuft er schnurstracks auf Imad zu. Imad zuckt leicht zurück, doch dann streckt er den Arm aus und tätschelt vorsichtig Kerns Kopf. Gleich darauf erscheinen Tom und Will. „Als ich das Gekreische meiner Nichte gehört habe, wusste ich, dass ich hier richtig bin." Tom trägt eine große Glaskaraffe mit roter Bärenbowle vor sich her. „Der Garten ist ja der pure Wahnsinn!"

Nachdem wir gegessen und getrunken haben, führe ich Papa durch den Garten und erkläre ihm die Pflanzen und was ich über die Pflege gelernt habe. Arve gesellt sich zu uns, was praktisch ist, denn eine Frage lässt mich nicht los: Wer war die Frau im Regenmantel? Nachdem ich Arve erzählt habe, was ich auf dem Friedhof beobachtet hatte, will sie genau wissen, wie die mysteriöse Frau aussah. „Ich vermute, dass das Victors Privatsekretärin war. Soweit ich weiß, hatte er hier kaum Freunde und keine Familie mehr. Scheinbar kannte seine Mitarbeiterin ihn gut und wusste, dass er seine ganze Liebe und Zeit in den Garten gesteckt hat. Deswegen hat sie ihm vielleicht auf seinem letzten Weg Fotos von seinem Lieblingsort mitgeben wollen."

Später sitzen wir alle am Teich, auch die Erwachsenen, und lassen die Füße im Wasser baumeln. Papa und Grete bespritzen sich gegenseitig. Ich glaube, der Garten verändert auch die Erwachsenen.

„Wussten Sie, dass Gartenerde glücklich macht?", höre ich Lucas Mutter Herrn Goldschmidt fragen.

„Nein, das wusste ich nicht. Wie kommen Sie darauf?", fragt Gretes Papa interessiert zurück.

„Das habe ich in einer Fachzeitschrift gelesen. Wissenschaftler haben herausgefunden, dass sich in der Gartenerde ein Bakterium befindet, das glücklich macht. Es erhöht das Glückshormon in unserem Gehirn und sorgt für schöne Gefühle und Gedanken."

„Vielleicht haben wir die falsche Erde im Garten", lacht Herr Goldschmidt. „Hier kann ich mir allerdings tatsächlich vorstellen, dass Gartenarbeit so eine Wirkung hat."

Es dämmert allmählich und wir zünden die Laternen an und lassen die Lotusblüten von Gretes Eltern auf dem Teich schwimmen. Der Garten sieht wie verzaubert aus.

„Hui, Karline, guck mal, wer hier sitzt: Karl-Heinz", ruft Tom halblaut zu mir rüber.

Neugierig erhebe ich mich, gehe zu Tom und folge mit meinem Blick seinem ausgestreckten Arm. Zwischen zwei hochgewachsenen Blumen ist ein breites, hauchdünnes Netz gespannt und mittendrin, vom Abendlicht orange beschienen, sitzt eine fette Spinne. Obwohl ich geahnt habe, was Tom mir zeigen wollte, schrecke ich zurück. Spinnen machen mir keine Angst, aber trotzdem läuft mir ein Schauer über den Rücken.

Um mir vor Imad und den anderen keine Blöße zu geben, kommentiere ich nur lässig: „Na, dann wird Bisy nicht weit sein." Diesmal wusste ich sofort, auf welche Kinderbuch-Helden Tom anspielt. Die Abenteuer der dicken Kreuzspinne Karl-Heinz und der frechen Stubenfliege Bisy hat uns unsere Sachkundelehrerin in der Grundschule vorgelesen, wenn wir in der Stunde gut mitgemacht haben. Mein Onkel wirft mir einen anerkennenden Blick zu.

„Ich muss aufbrechen. Morgen früh stehe ich wieder im Blumengeschäft", meldet sich Lucas Mutter.

„Wir wollen auch nach Hause", schließen sich Gretes Eltern an und erheben sich.

„Dann wird es Zeit, den Rest des Programms zu verkünden." Arve steht ebenfalls auf. „Ihr vier dürft heute hier übernachten. Paul und ich übernachten in der Villa und sind für euch da, falls etwas sein sollte, wie zum Beispiel eine allergische Reaktion."

Wir müssen grinsen.

„Wieso allergische Reaktion?", fragt mein Vater irritiert.

„Weiß auch nicht, ist mir nur gerade durch den Kopf geschossen", antwortet Arve lächelnd.

Alles hat sie Papa also nicht verraten. Das gefällt mir.

Spät abends liegen wir nebeneinander auf den Isomatten, die Arve und Papa für uns eingepackt haben. Über uns blinkt ein sternenklarer Himmel. Grete liegt links neben mir und Imad rechts. Plötzlich tastet Imads Hand nach meiner. Ich überlege kurz, ob das ein Zufall ist, doch dann fasse ich seine Hand und nehme auf der anderen Seite Gretes. Grete macht eine kleine Bewegung und als ich den Kopf hebe, sehe ich, dass sie auch nach Lucas Hand gegriffen hat. Zu viert miteinander verbunden schauen wir in den Sternenhimmel und lassen unsere Gedanken fliegen. Wenn ich bei Regen in meiner Kiste mit einer heißen Tasse Schokolade liege, fühle ich mich immer rundum wohl, aber das ist nichts gegen das Gefühl, das ich jetzt gerade habe. Dieses Glückskribbeln im ganzen Körper ist das beste Gefühl überhaupt auf der Welt.

ENDE

Bastel dir deinen eigenen Flaschengarten!

Du brauchst:

- Ein großes Glas mit großer Öffnung und Deckel
- Eine Handvoll weißen Kies oder Kaktus-Granulat
- Aktivkohle oder Holzkohle
- 2 Tassen Blumenerde
- Kleiner Ast, Steine oder Muscheln als Deko
- 2 oder 3 kleine Pflanzen, z. B. Farne, Klee oder Moose
  (mit Wurzelwerk) aus dem Wald oder einem Garten

Anleitung:

Bedecke den Boden des Glases mit Kies (2-3 cm). Fülle als Nächstes eine ca. 1 cm dicke Schicht Kohle darüber. Packe die Blumenerde darauf. Mit einer Sprühflasche etwas anfeuchten. Nun pflanze die kleinen Pflanzen ein (mit einer Gabel kannst du vorsichtig in der Erde graben und die Pflanzen festdrücken) und verteile Ast, Steine und Muscheln im Glas. Deckel drauf – fertig! Stelle das Glas an einen hellen Platz, aber nicht direkt ans Fenster.

Drei Dinge noch:

Du musst die Pflanzen NICHT gießen.

Die Steine verhindern das Faulen der Wurzeln, die Holzkohle wirkt der Schimmelbildung und dem Bakterienbefall entgegen.

Morgens ist das Glas beschlagen. Wenn der Beschlag bleibt, dann öffne den Deckel ein bis zwei Stunden lang, damit die überschüssige Feuchtigkeit verfliegt.

Die Autorin

Maike Siebold arbeitet als Produkt-Poetin (Texterin) in einer Kommunikationsagentur. Die ersten beruflichen Schritte machte sie im Bereich der Kinder- und Jugendarbeit. Ihre erste Kindergeschichte, ein Märchen über einen verschlafenen Prinzen, verkaufte sie als Schülerin im Pendlerzug nach Münster. Sie hat eine ausgesprochene Schwäche für Nachtisch, einen Hang zu Punkten und sie liebt Swing. Zu ihrer Familie gehören drei Söhne, zwei Stiefkinder, ein dicker Kater und ein toller Mann.

Der Illustrator

Kai Schüttler wurde 1988 in Münster geboren. Dort studierte er später auch Design mit dem Schwerpunkt Illustration an der FH Münster. Seit 2017 lebt und arbeitet er in Steinfurt. Als freiberuflicher Illustrator ist er neben der Kinderbuchillustration in den verschiedensten Bereichen tätig.

Blinder Passagier im Mehrfamilienhaus

Film zum Buch

ab **8** Jahre

»Lustig, tiefgründig und auch ein bisschen schräg. (...) Ein rundum gelungenes Kinderbuch«
Marsha, Mutter & Söhnchen-Blog

»ein wunderbares Buch über Familienzusammenführung und Freundschaft«
Tanja Lindauer, Eselsohr

Vier Wochen Hausarrest wegen einem Blauen Brief! Völlig übertrieben, findet Roderich. Nicht mal zum Fußballtraining darf er. Und dann hört er auch noch seltsame schlürfende Geräusche im Fahrstuhl – ganz klar: ein Geist! Blöd nur, dass Roderich vor Schreck seinen nagelneuen Fußball im Fahrstuhl liegen lässt und der Fahrstuhl-Geist ihn einfach mitnimmt. Aber wie kann er den von einem Geist zurückbekommen?

176 Seiten, 148 x 205 mm,
mit sw-Illustrationen, gebunden, 14 €
ISBN 978-3-96594-059-8

● *Lesepunkte bei Antolin sammeln!*

Vom kleinen und großen Glück

>»Ein Buch das Mut macht und zeigt, dass es gut ist, auch mal anders zu sein - nicht nur in der 5. Klasse!«
> *Karo, Buchlabor*

Lesepunkte bei Antolin sammeln!

Andrea Behnke

Frieda und das Glück der kleinen Dinge

Lena-Frieda will Forscherin werden, genau wie ihre Oma Frieda, von der sie nicht nur den Namen hat, sondern auch die Neugier auf die großen und kleinen Dinge dieser Welt. Doch seit ihre beste Freundin Nele weggezogen ist, fühlt Lena-Frieda sich einsam in der neuen Klasse. Nur Lukas scheint ganz nett zu sein. Aber kann ein Junge die beste Freundin ersetzen?

160 Seiten, 148 x 205 mm,
mit zweifarbigen Vignetten,
gebunden, 13,90 €
ISBN 978-3-943086-76-8

>»Ein wunderbares, nötiges Buch für jedes Mädchen auf dem Weg zu einer starken Persönlichkeit.«
> *Sonja Wirnsberger,*
> *ekz Bibliotheksservice*